U0795495

本书编委会

顾　　问：蔺斯鹰　戈叔亚　孙家灿

主　　编：张文军　吉　彤

执行主编：蓝　天

编　　委：辛开纯　燕　军　张爱国　李　京
仵　猛　杨艳平　刘雪梅　李　彬
王晓艳　高　伟　赵文红

编　　辑：杨　琨　杨　波　杨昆燕　吴建勇

图片供稿：段鉴津　杨　波　杨　琨
保山市广播电视台

“十二五”国家重点出版物出版规划项目

国家出版基金项目
NATIONAL PUBLICATION FOUNDATION

张文军 吉 彤◎主编

云南出版集团
云南美术出版社

让我们铭记

——寻访远征军老兵

图书在版编目（CIP）数据

让我们铭记 ：寻访远征军老兵 / 张文军，吉彤主编. --
昆明 ：云南美术出版社，2014.5
ISBN 978-7-5489-1691-8

Ⅰ. ①让… Ⅱ. ①张… ②吉… Ⅲ. ①抗日战争－史料－云南省②国民党军－第二次世界大战－史料 Ⅳ. ①K265.06②K265.210.6

中国版本图书馆CIP数据核字(2014)第117398号

出 版 人：吉 彤
责任编辑：于重榕
　　　　　张湘柱
特约编辑：马 非
整体设计：张湘柱
责任校对：李江文

让我们铭记——寻访远征军老兵

张文军　吉　彤　主编

出　版　云南出版集团
　　　　云南美术出版社（昆明市环城西路609号）
　　　　0871-64193099　0871-64107562
发　行　云南省新华书店集团有限公司
印　刷　昆明卓林包装印刷有限公司
开　本　787×1092　1/16
印　张　23.75
字　数　180千字
版　次　2015年3月第1版
印　次　2015年3月第1次印刷
ISBN 978-7-5489-1691-8
定　价　86.00元

序言

让我们记住这些老兵

戈叔亚

记得在1983年12月，我出差来到腾冲，在一个城郊庭院里看到了无数被遗弃的抗日阵亡将士的残破墓碑。一位老石匠告诉我，那些墓碑是在“文革”期间被砸坏的。那个地方就是现在的“国殇墓园”。之后，在松山旁的潞江坝，我看到了两位生活非常窘迫的老兵，然后来到了松山……心灵一次次受到强烈的冲击。于是我开始了研究这段历史的旅程。

没有文字资料，研究历史就从寻访老兵开始。20世纪80年代的昆明，在政协、民革、黄埔同学会和政府参事室等单位还有大量的老兵。由于没有单位介绍信，这些单位都拒绝我的拜访，于是我通过同学、朋友、熟人私下到老人家里去拜见；之后是查阅资料，与在海外的中国老兵以及日本、美国老兵联系并索取资料，然后对所获资料和采访记录进行整理核对；最后带着军用地图、指北针、录音机、照相机到滇西以及缅甸、印度等地实地考察。

那个年代，抗战老兵们一般只有五六十岁，而在昆明一些单位，大部分老兵过去都是有文化又带兵打过仗的军官，老人们非常愿意接受采访。那时认识一个老兵，他马上就会介绍你认识另外的老兵……这样一传十十传百，我拜见了许多的老兵，也和他们结下了深厚的友谊。

第二次大规模寻访老兵，就是在近几年和保山市广播电视台一同寻访了。为了寻访保山所有的老兵，我们从2009年开始，陆陆续续经历了4个年头，跑遍了保山市的隆阳区、腾冲县、龙陵县、施甸县和昌宁县的山山水水，前前后后拜访了200多位老兵。这是我人生历程中最值得骄傲的一次经历。寻找几个老兵并不难，难的是长年累月一直在寻访；在一个地方或者几个地方寻访老兵也不是很难，而要在19600平方千米的保山，把所有的抗战老兵全部找到，那就如同大海捞针一样了。但是保山市广播电视台的朋友做到了。

从20世纪80年代到现在相隔约有30年，老兵现在怎么样？他们的生活又有什么样的变化？

这里说的老兵，是指在抗战期间国民党军队的老兵。由于历史原因，战后这些老兵大部分受到了社会的歧视和不同程度的打击，生活非常窘迫。

说到如何对待抗战老兵，我在这里不得不多说几句。

大家都知道“叶公好龙”的故事。有些人对待老兵就如同叶公对待龙一样。而保山市广播电视台的朋友不是这样，甚至整个保山都把老兵看成是自己的亲人，把寻访老兵当作一件大事！各级领导鼓励支持、企业老板慷慨解囊，民政、统战部门积极参与，基层的村官带着我们跋山涉水、走村串寨。

2012年6月10日，在腾冲曲石平地村，我们见到了老兵彭恩富。彭恩富，85岁，预2师5团，被抓当兵，参加过渡江、桥头、腾冲县城等战斗，真正经历过第一线腥风血雨，腾冲东门战斗中因脚负伤解甲归田。这是一位乐观健谈、极其富有感染力、身体较好的老人，给我印象非常深刻。

值得一提的是，这里地处偏僻，老人的身世不为人们所知，尽管子女孝顺，但是生活还是有些困难。而发现老人是抗战老兵的，不是别人，正是副镇长杨凌宇。为了安排我们前来看望老人，杨凌宇不仅亲自陪同，还组织镇里、村里七八个有摩托车的小伙子专门接送我们，因为这里有一段山路无法行车。县委宣传部田丽华、县委统战部李华仙每次都会和我们一同前往。说起本地的老兵，她们如数家珍……当我们来到这个小山村时，几乎全村的男男女女都倾巢出动，把老人的家围得水泄不通！

这样的情形和20世纪80年代采访老兵时的情形相比恍如隔世！因为那时有的老人向我讲述历史时，要把我带到自己的家，把门关好，一再告诫我声音小点儿，甚至有的不敢承认自己去过缅甸、印度……

如今，在全国许多地方，电视台报道老兵，志愿者、普通老百姓甚至当地党政机关看望老兵，已经不是什么新鲜事了。而保山市广播电视台台长张文军给大家的任务是寻访“保山境内的老兵一个都不能少”。要做到这一点就不是一件平常的事情了。当年远征军的司令部就设在保山，而腾冲、龙陵和松山都是全国著名的抗日战场。这里的老兵最多。

有的老兵住的地方非常偏僻，有时要驱车整整一天才能拜访到一位老兵。而有时到了老兵的家里，看到的却是他的遗像和灵堂。还有的老兵在采访后的三五天就去世了，我们成了采访过老人的第一家媒体，也是最后陪老人说话的外人……

记录抗战老兵的口述历史，对于很多老人来说，我们的寻访已经有些晚了。由于年事已高，他们已经不具备清晰完整地讲述自己从军历史的能力了。但是，记录下他们的音容笑貌，给他们或者是他们的家庭带去人们对他们的崇敬，这仍然很有意义。

通过这样的寻访，不仅学到了抗战的历史，也从这些老兵的身上学到了如何做人，这也是我的人生收获。那时许多老人都是被抓当兵的，战后不仅得不到社会的承认和人们的尊敬，反而备受打击迫害。但是当我们面对一个又一个这样的老人，特别是在他们生命的最后时刻，我们发现，他们面对遭受的打击，就和他们面对所做出的贡献一样，表现出来的是异常的淡定和平静。“那个时代整个国家民族都在遭受苦难，我们的苦难又算得了什么？”他们说的“国家遭受苦难的那个时代”，指的是战争年代，也是“文革”时期。他们表现出来的更多的是对自己祖国的无怨无悔，这一点使得我非常惊讶，从中我感受到了什么叫作“大爱”！

我们不仅仅在保山辖区寻访老兵，我们也到昆明、大理、德宏及浙江等地寻访老兵；不仅慰问中国老兵，也关注和他们并肩战斗的外国老兵。家住缅甸南坎的90多岁的护士爱舍勒·波，当年救护、关怀过不计其数的中国远征军伤病员，到了晚年却生活困难，因为她的退休金每月只有缅币600多元，不到4元人民币。保山市广播电视台得知老人的境况后，前后两次去看望这位异国老奶奶并带给老人实际的温暖。正是由于我们的关注和宣传，爱舍勒·波女士得到了中国各界的关注，并把她列入了“抗战老兵”的行列，每年可以得到近万元的帮助，彻底改变了老人及其全家的生活，也赢得了缅甸人民对中国的尊敬。

寻访老兵的行动也得到了社会各界的关注，全国知名抗战历史学者方军、余戈，关爱老兵志愿者李明辉和北京姑娘黎晓唯，广东、浙江的企业家应宪和楼潘荣先生等也不辞辛苦从千里之外赶来加入我们的行列。美国驻中国大使馆武官史达伟将军和空军武官陶仁凯上校也专程飞到云南和我们一起慰问老兵，用他们的话说就是，“看望二战时的盟军战友”。

2012年8月15日，日本投降67周年纪念日的这一天，当这两位美国现役军人和龙陵的老兵李文德在松山向阵亡将士纪念碑庄严敬礼时，在场的人无不为之动容。

在寻访老兵的日子里，通过和老兵及其家人的亲密接触，也感觉到了他们内心的一些期望。如今，老人的生活都有了很大的改观，有的甚至是有了很大的进步；社会也给予了他们极大的尊敬。给老兵送钱送物的人一年四季络绎不绝，逢年过节当地党政机关也请他们参加各种活动，老兵们的晚年应该说过得不错。但是老兵们最大的心愿，那就是得到对他们抗战士兵身份的正式认可。他们都希望得到一枚国家颁发的抗战纪念章，有的老兵就是带着这样的期望去世的，这不能不说是一大遗憾……

除了关注老兵，我们也应该关注历史。目前关于远征军的历史，主要是民间以民间方式来研究，特点是各自为政。很多研究主要是以回忆和战场实地考察为主。我们的资料大部分来自中国台湾，以及美国和日本。现在的研究还停留在比较低的水平——弄清这段历史大致的来龙去脉，还没有上升到更高的水平，上升到理论高度的也不多。

我一直在想，我们不仅要记住中国人的胜利，也要记住我们的失败；要记住我们的辉煌，也不要忘记我们的苦难；要记住那些取得了胜利的英雄，也要记住那些打了败仗的士兵，特别是那些打了败仗就那样死去的士兵，他们也是我们的英雄。也就是说，我们也需要关心那些战时和战后死去的士兵，关心那些带着尊严或者带着屈辱离开我们的士兵，把阵亡士兵的遗骨找回来重新安葬。

我们要记住这些老兵，除了记住这些老兵都为我们做了什么，同时也应该反过来想一想我们为这些老兵做了什么。他们不仅仅需要生活的保障，他们同样需要做人的尊严和国家、社会对他们抗战老兵身份的认可。随着这些老兵一个一个地故去，我们对于老兵的亏欠或许将永远无法弥补！

（作者系二战史专家，知名学者）

目录

焦土腾越

董登庆 在高黎贡山又冷又饿 …… 3

吴正春 攻打腾冲城用的是人海战术 …… 11

高树华 在高黎贡山上淋雨 …… 17

董翠林 机枪手的下巴歪了 …… 23

松山 松山

李文德 用防身的手榴弹帮助战友 …… 31

陈国栋 头上至今留有弹片 …… 39

赵应国 我是第一名炮兵 …… 47

杨国其 120个人只剩得四五个 …… 53

王明兴 松山，是座血山 …… 57

王宪蔚 日本人的袜子像牛蹄子 …… 61

梅正国 在松山挖工事存炸药 …… 65

活着的记忆

刘　华　怒江边上指挥渡江……71
杨永仁　坐上橡皮船就使劲划……79
许本祯　机场里有很多美国人……83
杨维孝　没有文化挥错了旗子……89
何　亮　军号的旋律……97
杨盈光　伤运站的卫生兵……105
赵学良　被抓兵时没来得及吃饭……111
杨在然　上士文书手绘作战地图……115
孟绍本　死人扔在炸弹坑里来不及埋……119

在异乡

罗光明　腿上的疤痕……127
杨毓骧　戴钢盔的小兵……135
杨　舒　开着坦克千里奔杀回国……147
蔡林森　上海，我回来了……157
颜嘉铭　团长简立的团歌……167

兄弟

姜自政　一封台湾来信……175
李国义　我的山东老班长……183
姚　拓　杨连长和杨老五……187
赵家有　弟弟的墓碑……193

望乡

靳秉钧 我老家跟杨贵妃一个地方 …………… 199
何绍从 我没有家 ……………………………… 211
黄有强 死一个日本兵要搭上五个中国人的命 …215
张光华 坐轮椅的老人 …………………………219
周 杰 湖南长沙石灰嘴，18岁出来 ………… 223

老兵已老

杨良平 当和尚也被撵出门 …………………… 231
曹新齐 蓝布的湿衣服 …………………………241
郭自益 独腿的刻章老人 ……………………… 245
许绍春 漏雨的房子与男陪护 ………………… 249
伯加祥 露出棉花的雷锋帽 …………………… 253
黄启春 美人张品德 …………………………… 257
番发安 永远的21岁 …………………………… 263
李会映 大房子里的孤独 ……………………… 267
段德俊 两袋米的交换 …………………………271
杨玉兴 借来的小木凳 ………………………… 277
陈学良 双目失明的老人 ……………………… 283
卢彩文 骑摩托车的老头 ……………………… 287
杨秉书 黑黢黢的小屋 ………………………… 293
李 树 田里的小窝棚 ………………………… 297
施炳安 珍藏的模特照片 ……………………… 303
路珍楼 20集团军的少校军医 ………………… 307
张炳芝 保山已知的唯一女兵 …………………311

让我们铭记

罗登和 兜里的毛线小包……317
王廷标 村委会落款的纪念墙……323
钱锡铭 从阴天到了晴天……329
耿天福 满满三本回忆录……335
余春培 不愿脱下的军大衣……341

附录

向二战老兵致敬……345
飞越时空——寻访远征军老兵杂感……357

焦土騰越

不论他们来自哪里，不论他们为何参军，当他们冲上战场，面对敌寇，他们就以拼死牺牲的爱国精神组成了英勇的中国远征军。

从强渡怒江到攻克腾冲城，历时127天的腾冲战役艰苦而惨烈，然而中国远征军的将士们却凭借着视死如归的气概和昂扬的斗志打赢了这场“焦土之战”。

正如一名远征军老兵所说的那样：“他们来占着我们的家，哪个也没有这种心说跑掉不打他们了。个个都是一心地堵着要打，非打不可，一定要把他们打败掉！”

董登庆

（1924—　），原籍云南腾冲，现居云南省保山市腾冲县马站乡兴龙村田边三组。1942年当兵，属预备2师4团，卫生兵。参加过高黎贡山战斗和腾冲收复战。

在高黎贡山又冷又饿

董登庆1942年18岁时当兵，属预备2师4团卫生兵。

董登庆：那时候日本人要进腾冲城，预备2师来我们这里阻挡，在我们这个地方派兵（抓兵），三丁抽一。我们固东、曲石到界头这一线，一次就去了900多人呢。后来日本人进了城，我们就翻过高黎贡山撤走了。

我们（卫生兵）就是要经常守在战场上，在打枪处、打炮处，阵地多，二三十个阵地，一天就是跑去又跑来，把受伤的人和牺牲的人先用担架抬到团部。战斗激烈的时候转送不出去，就一直放着。

董登庆老人目前身体状况良好，思路还很清晰，能够回忆许多珍贵的历史细节。他印象最深的是当年在海拔3200米的高黎贡山战场上，不计其数的远征军士兵不是战死的，而是被绵绵无休的冷雨和饥饿夺去了年轻的生命。

董登庆：在高黎贡山打了三四十天，随时下着雨，没有晴过，白天多起（随时）都淋着雨打仗，我们就支着淋雨，衣裳角多起（随时）都是一直嗒嗒嗒地滴着水不曾干过。因为不有雨衣，国家穷着不发过雨衣，就是穿在身上的黄衣裳，就那种支着淋。受伤的人用竹子绑成的担架抬着，也淋着雨。冷死的人相当多。挖一个小战壕坑，人坐在小坑坑里头，枪架在坑边往外打。又冷，又饿，粮食送不到，饿到几天人就支不住了，人坐在战壕坑里面抱着枪就死掉了，死了很多啊！仗随时打着，输送连的骡马队运送枪炮子弹还忙不赢，顾不上送饭。

董登庆老人说，当年自己是煮野荨麻吃，才活下来的。但就在那样的境况下，没有人逃跑，除了军规严厉，人人也都有豁出命去也要打败日本人的决心。

董登庆：（打仗时有没有肉吃？）饭都还不得吃呢还吃肉了，饭都还摸（找）不着吃呢。（饭都吃不饱，会不会有人逃跑？）不有！逃跑的不有，哪个也不敢跑，在战场上的事情，不可能。跑脱跑，跑不脱就着（被）枪毙了。临阵退缩呢！日本人来占着我们的家，哪个也不有这种心说跑掉不打日本人了，个个都是一心地堵着要打日本人，非打不可，要把日本人打败掉！个个都有这种决心！

我们问老人：“如果现在日本人再来，你愿不愿意和他们见个面？”老人说：“当然要见面。我还要当面再问问他们，为什么要侵略中国？”

董登庆：我还要问他们，那时来占中国，对中国人做了这些事，他们的良心咋个过？你日本对中国人是烧杀抢掠，把中国是糟蹋伤了。（你心里到现在还不原谅他们？）不原谅！我心上还经常不悦着。

董爷爷现在生活得很好，儿子孝顺。前两天老人摔倒了，所以现在鼻梁上贴了两块胶布。怕再发生这种事情，儿子在他经常出入的地方特意铺上了防滑的垫子，一直延伸到老人的卧室里。老人很珍惜志愿者送给他的纪念章，儿媳就帮他牢牢地缝在衣服上。还有志愿者送的手表，老人年纪大了根本看不清时间，不过还是每天都把手表戴在手上。

背景：高黎贡山是第二次世界大战中海拔最高的战场，因为高，加上正值雨季，所以寒冷彻骨。中国远征军美军顾问团参谋长弗兰克·多尔曾在回忆录里这样写道："中国军队进入了高不可测的困难地带。骡马和夫役滑下了冰冻的隘道，坠入

几千英尺的深沟中死去。战斗是在云层覆盖、海拔一万一千英尺的冰天雪地之中进行的。这是第二次世界大战中海拔最高的陆上作战，被称为云层上的战场。”当年，日军把高黎贡山最陡峭的一面留给了中国远征军，在这样绝对易守难攻的战场实施仰攻，绝非“惨烈”二字可以形容。在高黎贡山翻越战中，除了战死的，还有大量冻死、饿死，甚至滚下山崖摔死的，实在难以计数。负责攻打冷水沟的第198师两个团，战后每个团只剩下不足一个营的兵力，山上流下的红色溪流竟然染红了几十公里外汹涌的怒江。

吴正春

（1924— ），原籍云南保山，现居云南省保山市隆阳区西邑乡吴寨村。1943年当兵，属53军130师，步兵。参加过高黎贡山战斗和腾冲收复战。

攻打腾冲城用的是人海战术

吴正春居住的村子叫作吴寨村，“吴”是村里的大姓。

吴正春有三个家，一个是村里街子上他的孙子家，一个是离街子不远的女儿家，还有一个是村子深处的老屋。尽管孙子和女儿都乐意吴正春在他们家常住，但喜欢清静、身体还硬朗的吴正春还是喜欢他的老屋。

老屋是老式的农村土坯房，屋旁的翠竹下卧着一头大水牛，院里屋檐下挂着黄灿灿的烤烟叶。吴正春说儿孙们都很孝顺，都要让他过去住，可他就喜欢住在这老屋里。儿子种烤烟，在老屋后建了一个烤烟房，他闲来无事还可以帮他晒晒烟叶。

吴正春今年88岁，当时属53军130师，步兵，参加过腾冲收复战，也在高黎贡山和芒市进行过战斗。他说，攻腾冲城时，战况非常惨烈，他们基本都是不要命地向前冲，几乎是用人海战术，踩着战友的尸体攀上腾冲城门的。腾冲城打完后，他所在的这个营就只剩70来个人，收缴了很多日军的战利品，除了武器外，还有一些罐头。尽管很饿，

但他们谁也不吃日本人的罐头，用老人的话说就是：日本人太坏了，不想吃他们的东西，也不敢吃，怕有毒。老人说，每个死去的日本人身上还有一小瓶黑色的药，他们都估计那是治“摆子”（疟疾）的药。

攻进腾冲城后，一些日本人躲进了城里的建筑物。吴正春和排长对一所小房子进行搜索时，在他身后的排长将小土块掷到他身上示意他先进去。他刚转回头，一颗炮弹在他们身后炸开了，排长瞬间被炸得面目全非，倒下牺牲了。

腾冲光复后，吴正春所在的部队北上，他请假回家看父母。父亲坚持不让他再回去，他就这样回到了家乡，务农为生。

吴正春心态很好，对于打仗的事他说得云淡风

轻，觉得也没什么，活下来就是最幸运的。至于是不是英雄，是不是值得引以为荣，他并不在意。

傍晚，吴正春居住的老屋旁，有几株向日葵映着余晖兀自开得灿烂。

高树华

（1927—2013），原籍云南永胜，生前居住在云南省保山市隆阳区潞江镇香树村。1944年当兵，属54军3连2排6班，步兵。参加过腾冲收复战。

在高黎贡山上淋雨

在隆阳区以傣族风情闻名的潞江镇，有一个叫香树村的小村子。远征军老兵高树华就住在这里。这个有着美丽名字的小村子聚居着傈僳族和傣族，也有少量的汉族家庭，民风非常淳朴，据说是个路不拾遗的地方。

我们去的时候，高树华老人身体还很硬朗，老人正在为不久前刚去世的孙女婿做“头七”，灶台上供着几样点心，火盆里烧着黄纸。一下子看见我们这些冒昧的造访者，本来正在悲伤的老人开心起来，咧开仅剩几颗牙的嘴，笑得满脸皱纹。

高树华：（这里的人认不认得你是打过日本人的老兵？）认得的人多了，到处的人都认得了，我在这里几十年了。（人家咋个说你？）过去说得不好听，才来那个时候不好听，说我是国民党兵，癞子兵，这几年人家不这种讲了。（现在来看你的外地人多不多？）还不是我们这里镇上的、（深圳）中兴公司的。（一年给到手多少钱？）加加拢拢5200。够用了，乱花一点么。

高树华老人的手脚总是颤抖着，医生的诊断是

老年性的疾病，但是高爷爷坚持认为，这是在翻越高黎贡山时淋了太久的雨，伤了筋骨。

高树华：过去水（雨）又大（多）么，淋了湿里吧唧的。那几年虱子又多，发给一顶帽子，你拉去我拉来一下就不在了。就是雨多啊，下雨多了多啊，啊呀，恼火了！现在我就是手抖，抖了吃饭都困难了。就是淋着雨，不知咋个，筋骨上是坏掉了。

死人多了说不成了，一山坡上都是死的人。头砍掉的也有，胸口刺刀戳着的也有，时间长了，发泡了，衣服的纽子都挣开掉，肚子糟了炸开掉，肠子绿茵干瞎的（绿绿的）。看见蛆爬得呜噜呜噜的地方下面就有一个死人了，都是当兵的中国人。日本兵不有，日本人是死了就丢到江里面去了，给他回国。日本国是在江尾巴，死了一个日本兵他们是拿柴火烧了，一包地甩下江去，给他回国。朝先（起初）打仗时，根本不见日本人死在哪里一个呢！

老人还参加过收复腾冲战斗，对攻打城墙的惨烈景象记忆犹新。

高树华：翻过高黎贡山，从双虹桥过江到江左，然后就到了腾冲。这时候腾冲正打得厉害，伤员都没有，日本人的手（枪法）准呢，翻城墙一个打滚下来一个，活都不活。死了七千多人。

说起当年日军残杀中国百姓的残酷，老人回忆说：日本兵叫中国人自己挖坑埋自己。

高树华：我们当兵的时候，云南的、贵州的个子大些，四川的个子小，被日本人逮着不得了，一枪托从后脖子劈下去，跌倒了人家又从后背心给你一刺刀，一刀从头劈过来，头就滚掉了。还有一种是自己挖坑自己埋，挖个坑叫自己进去站着，自己拢土来埋，埋到胸口，土紧点么，气喘不出来就死了，死掉了他还要把头砍掉。日本人最毒了。他就是恨老人，小人（小孩）他不整，就是手板心伸出来，瞧你这点；把你的头发撸起来，瞧你的脑门头；瞧你的腿子。国民党兵是打绑腿哈，有印印的就跑不脱了，就砍死了。（瞧手是瞧什么？）手么是扣扳机的老茧，头皮是当兵的戴遮阳帽晒不着太阳，额头一白就着（倒霉）了。

亲眼见证了战争的高爷爷对现在的生活很满足，孝顺的孙子还带着老人回过永胜老家，还去老人打过仗的腾冲旅游过，在猴桥，老人还看到了现在高大魁梧的中国军人。老人欣慰地说，现在中国强了，不怕谁来欺负了。

高树华：这起日本人不消来搞了，我们的兵又高又大，解放军。我见腾冲猴桥那些兵，个子大，从哪里调来的认不得。那时要叫这种兵去打日本人么就攒劲（厉害）了。现在不消来搞！

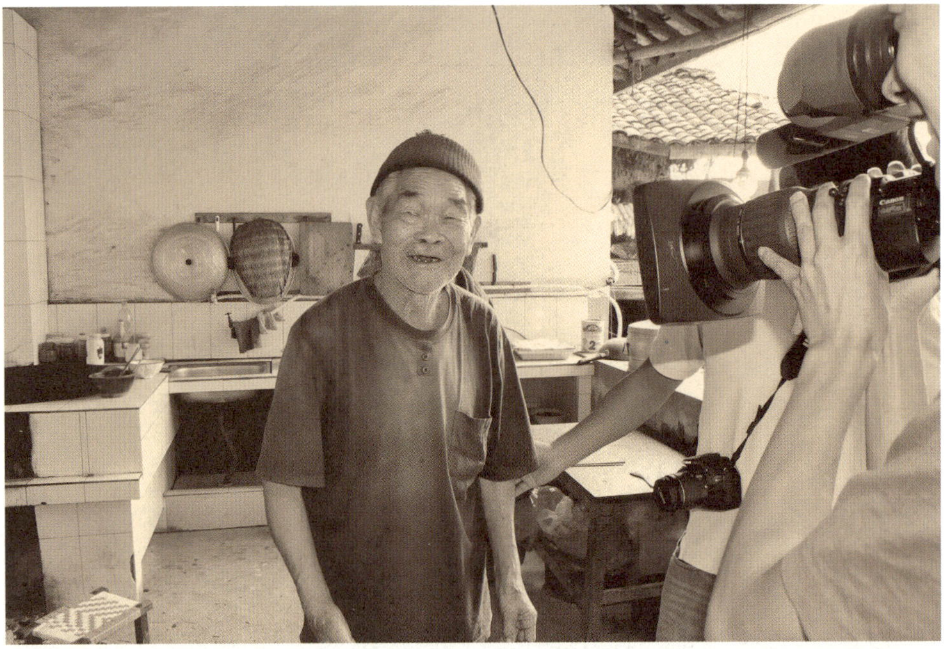

董翠林

（1923— ），原籍云南腾冲，现居云南省保山市腾冲县马站乡兴龙村新寨下组。1943年当兵，属预备2师5团2营4连，机枪手。参加过腾冲收复战。

机枪手的下巴歪了

董翠林是土生土长的腾冲老根子，一口浓重的乡音，加之下颌向右歪斜着，言语含糊，我们半听半猜，才能明白部分意思。

董翠林：打腾冲城最难打的就是城墙，在城墙上死人死得多了。那时我不有受伤。受伤是打开城墙进到城里头，炮弹的碎片飞过来，对穿了一个洞，现在这坨肉也是死（僵）的。那时打着了就去部队医院了。（您害不害怕？）有什么怕的，不害怕，当兵人么。

董翠林的战斗经历其实很短，在腾冲入伍，到永平集训，然后顺着怒江、桥头、关山、马面关一路朝着腾冲城打过来。在城里受伤后回家养伤，伤好后部队要往龙陵开拔，他就没有跟着再去。

说起往事，董爷爷有点小庆幸。当年他是在老家成亲之后才上的战场，所以即使受了伤，影响了面容，好赖没影响他娶媳妇。

松山 松山

“120人只剩四五个”“送上来的米饭竟然有了剩余”“松山是一座血山”“鞋子在山头上到处乱丢着”……如今这些在松山战役中幸存下来的远征军老兵们已经可以用平静的语调描述当年那场惊心动魄的血战，而透过这些字句，我们依然可以窥见当时战斗的惨烈和远征军的英勇。

无法想象当时的远征军士兵们是如何在敌人的猛烈火力下仰攻山头的，也难以想象当时的他们是如何一排排地倒在血泊里，余下的却依然奋勇冲杀。然而，老兵的一句“拼他个鱼死网破，一个也走不成”，一语道出了这些那时的年轻人在国家危难时所迸发出的勇气与无畏。

李文德

（1927— ），原籍贵州遵义，现居云南省保山市龙陵县镇安镇竹箐村油竹河社。1941年当兵，属第8军309团1营2连，卫生兵，专事前线伤员的运送。参加过松山战役。

用防身的手榴弹帮助战友

李文德当兵时只有14岁，今年86岁的他算是远征军中年龄较小的。

很小就失去父母的李文德是由奶奶和两个姐姐照顾长大的。1941年夏天的一个傍晚，14岁的李文德正在田里帮已经出嫁的大姐割猪草，一个神色匆匆的中年人让他放下镰刀跟他走。惊慌的李文德跟他在田里扭打了起来，被中年人制服后李文德才知道是乡里的保长来抓兵。李文德说，要是早知道去当兵的话会乖乖地跟着去的，只是保长抓他当兵的理由让他有些无法释怀。

李文德：他们说我没有父母，没有挂牵，所以叫我去当兵。我是心里不满意呢。不过他们又说你没有挂牵，先让你去，他们弟兄多的又在后，敌人打不败，怎么都要去呢。我想想也对，我自己独个人我先去，弟兄多的给他们在后来补充嘛。怕什么，为了保卫这个国家，保卫了国家，也保卫了我们自己的家乡。

1943年末，少年李文德穿着自制草鞋，跟随部队向滇西进发。

在部队，李文德被分拨到伤兵营做卫生兵，专事前线伤员的运送。卫生兵没有枪，随身物品是一副担架和五六个手榴弹。

李文德每天跟随战斗兵奔跑在前线，看到有战友倒下了就将其背起来或是约人用担架将其抬到后方。那五六个用以防身的手榴弹他经常用来帮助战友。

李文德：他们打冲锋，一开枪我们就投手榴弹。有一天我还听见2团的一个人说，有一个小鬼，一个小兵，看着他可怜还小，觉得他不敢打，没想到他还会投手榴弹。他们就是说我了。

我不怕，我想我要逼着自己点。他们在前面我就在后面蹲起，蹲起瞅着哪个负伤了我背起就走。背得动的就背，背不动的就约人，让步兵把枪放着来帮我一下，送到后面有老百姓接着。在松山这里，半山就有老百姓，一大伙地在那里等着，有时候四五十个，有时候百十个呢。

战斗兵是在壕沟上的。从这里背着伤兵出去，只能用他的脚搭在自己的肩膀上，用手箍起他的脚慢慢爬，后面那个人端着他的头，腰弯着。当卫生兵的这些人，和战斗兵是一样的，要是你背着伤兵遇上炮弹掉在后面，那么两个都得死。

很多士兵来不及送到后方医治就牺牲了，还有很多士兵就牺牲在李文德的背上。

李文德：有些人大叫，嘴里吐出白沫子；有些不叫，不叫的抬到后面一般都死了。死了，就摆起。晚上月亮白白的，前面站着卫兵，端着枪，我

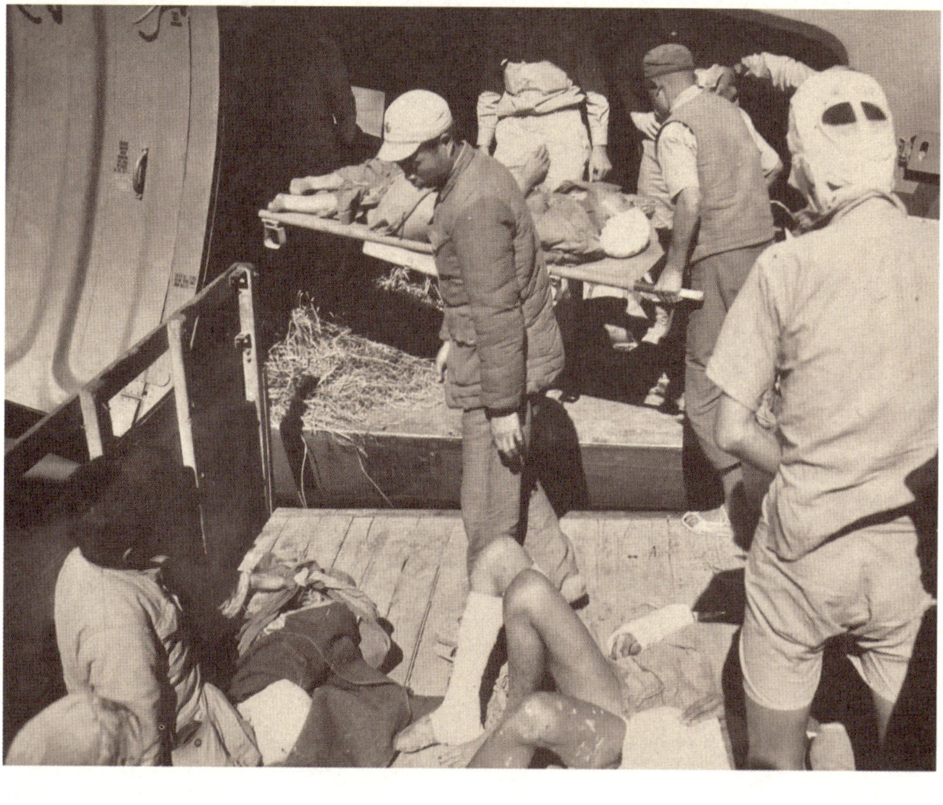

们又去埋。有时人死多了，就不埋了。

李文德说当兵时经常吃不饱，但在战争快要结束的那段时间却吃饱了，老百姓千难万险送到阵地上来的金贵的米饭竟然有了剩余。粮食剩余的原因是死去的人太多，剩下的人心情苦闷吃不下。

李文德：粮食是紧张呢，但是我们吃饱了。打个比方，今天上去十个人，牺牲掉三个，回来带伤了两个，那就去掉了五个，那些饭就多起来了，就是这样吃饱了。往后人一天比一天减少，就吃不完了。还有些人难过，什么时候死也不知道，饭也不想吃。有些人想不通，过于苦闷，自杀的也有，拿冲锋枪自己打，第7连的连长就是拿冲锋枪自己打自己。

那天团长来点名，我们副团长给他报名，我们一个团只剩150多个人，也没法好好安葬，山上这里埋几个，那里埋几个。第三连的连长、第四连的连长都是埋在松山了。有几个连一个人都没有了，连长也牺牲，士兵也牺牲。

在枪林弹雨中，李文德没落下伤残，战争结束后却因胜利而“挂彩”了。这次“挂彩”或许改变了他的一生。

长官宣布战争胜利，日本人滚回老家的那一天，李文德与战友们还在山上。那天整个山头是沸腾的，李文德与战友们在松山顶上欢呼、呐喊，一个个兴高采烈地从山顶上跑着、跳着冲下山来，李文德却在飞奔时崴伤了脚。

部队整装待发，不知去向何方。李文德被告之因脚伤要留在当地养伤，长官说让他养好伤后来找部队，会等着他。

几天后，迫不及待要找到部队的李文德拖着伤脚让当地甲长送他渡过潞江寻找部队。

守江防的士兵认为李文德是逃兵，以他没有公函为由，拒绝放行。

举目无亲的李文德就这样留在了龙陵，靠帮人做工度日。三年后，已到成家年龄的他经人介绍在本地一张姓人家入赘，改了名，叫张子文。

2009年，在贵州一个公益组织的帮助下，李文德回到了阔别60多年的家乡。当年与他相依为命的两个姐姐已经去世，抚养他长大的奶奶也早已作古。尽管如此，这次回乡之旅却是了了他半个多世纪的心愿。当我们问他还想不想再回一次家乡时，他却说不去了，我们知道，这个善良的老人这样说是违心的。

李文德：但是一去要花费国家的经济，又挖了国家的墙脚，这种事情不想做。心里是想去呢，上次去国家是贴了钱的。去也难，不去也难。

最让李文德心中不时疼痛的是那些牺牲了的战友。

李文德：他们死了，有的是独儿子，有的家里有儿女，有的家里有父母，有的文化高，人才和本事各方面都好，都是些年轻小伙子。他们牺牲了，我自己还活着，觉得对不起他们，想着想着心里辣疼。

如今，每隔一段时间，李文德就会让孙女陪着自己去松山看看，而每次上去，他都会和牺牲的战友说说话，聊聊天，告诉他们身边的变化。

李文德：你们在阴间，要保佑国家，国家对你们很关心，路修得这么好，还有纪念碑在这里放着。现在日本人已经不敢来打中国，这个是你们立的大功呢，是你们的鲜血换来的。

李文德与老伴育有一子一女，老伴和儿子都已去世。女儿几年前离了婚，用他的话说是被人家退了婚，他觉得这是一件难以启齿的事。目前他与改嫁后的儿媳居住。为了给家人减轻负担，用他的话说是对得起自己吃的那碗白米饭，李文德会做些力所能及的家务活，比如做做饭、喂喂鸡、晒晒苞谷。

李文德身材矮小，永远一身蓝布衣裳，一脸隐忍，一脸随遇而安。

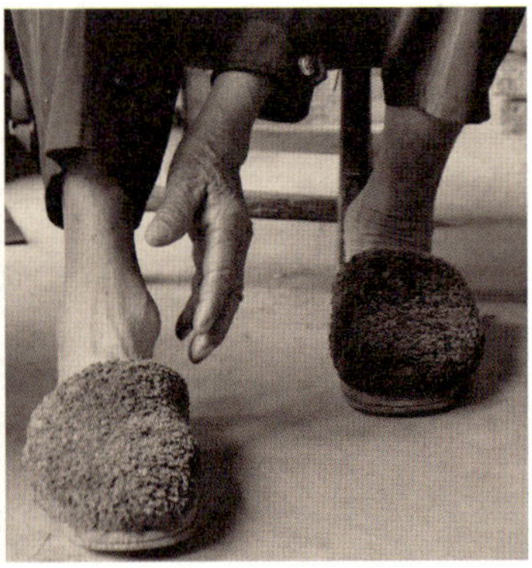

陈国栋

（1925— ），原籍四川岳池，现居云南省保山市施甸县仁和镇土官村土官三组。1942年当兵，属71军88师264团2营2连，机枪连重机枪手。参加过松山战役。

头上至今留有弹片

七月的一天，施甸县仁和镇的卫生院里，陈国栋躺在病床上打点滴，旁边守着他的儿子。

因为血压高，天气又热，陈国栋这几天常感觉头昏。儿子不放心，用板车把父亲拉到了镇卫生院。

点滴打完后，儿子又把父亲拉回家。板车上垫了褥子，还有一床花花绿绿的毛毯。

陈国栋中等个儿，身材壮实，脸红扑扑的，看起来脸色很好。医生却说这是病态，是因为他血压高引起的。

陈国栋是四川岳池人，今年88岁，当时属71军88师264团机枪连的重机枪手。他1941年从四川一路辗转到云南，参加了著名的松山战役。

在龙陵一个叫作三家村的地方，为争夺一个山头，陈国栋所在的部队与日军发生了激战。战斗从夜晚一直持续到白昼，兴许是看着情况不妙，日军改变了战略。

陈国栋：那些龟儿子（日本兵）爬树，（我们）又认不得。他们爬上那些大树，三家村那些树那么粗一棵一棵，他们在树上放冷枪，过来的人就

惨了。那个没有办法，你跑多远他都在树上盯着你，你看只会看地面矮处，哪个知道他在树上。

战友纷纷后撤，陈国栋是重机枪手，一时半会儿根本撤不了。平时一挺重机枪需要六七个人来拆装组合，在这个危急时刻却一个人也不见了，身边只留下一个一直协助他抬机枪的老百姓，他叫他老张。陈国栋和老张两个人抬着那挺重机枪在树林里愣是找到了部队，但是营长和副排长都受了伤。头顶上是不知藏身何处的敌人不时射出来的冷弹，机枪里又没了子弹，陈国栋边安慰老张边虚张声势地架起那挺没子弹的机枪来，树上日本人不知有诈，跳下树走了。

陈国栋用浓重的四川方言讲他的经历，听起来让人有种热血沸腾的感觉。

陈国栋说，初进部队时，因为他年纪小，个子也小，排长要让他当传令兵。用陈国栋的话说，就是非常想操枪的他很委屈地当了三天传令兵后，就再也不干了。虽然后来他当上了引以为傲的重机枪手，但排长当初的轻视让他一直很懊恼，遇到机会，他总是会小小地报复一下。

陈国栋：排长我们去攻那个文昌宫。我们两个合不来，他又整不赢我，他催我，“上阵地、上阵地！”才说完就听到“砰”的一声，他的手着了一枪，我乐了。我说：“走就走，我先走，哪个不走就是龟儿子。”

当时，滇西战场上有很多记者，多数来自国外，他们留下了很多历史素材。那些珍贵的黑白影

像现在还能在一些电视节目中见到。可能是由于当时的宣传需要或是别的原因，陈国栋老人在60多年前经历了一次真实的“假拍”。

陈国栋：老美（美军）要照片子，用这种机子去收像，他们回去放电视。在林子里打炮，机枪抬着，步兵的刺刀上着，过去打装成的日本人。

这段经历是陈国栋老人在残酷战争中唯一的一点火花与颜色，更多的时候他们是在生与死的边缘进退、抗争，与死神擦肩，与生命和时间赛跑。他曾经三次与死神擦肩而过。头上至今留着弹片擦过的痕迹，那个地方“寸发不生”。

说着过往的经历，他如同在讲故事，脸上是自豪的笑容。他说打仗越怕死的人越会死，只有不怕死的人才是真英雄。他先伸出小指，又伸出大拇指比画着说：“做人不要做这个（小指），要做这个（大拇指）。”

松山战役胜利后，当时陈国栋所在的部队又入缅作战。老人曾随部队到了中缅边境，但在几个战友的邀约下，同时自己也厌倦了征战的日子，后颠

沛流离来到了施甸，起初以帮人干各种农活为生，随后便在此处安了家。陈国栋有三个子女，媳妇在二儿子9岁时就去世了。陈国栋说很多人又给他介绍过媳妇，他不想要，因为怕对孩子们不好。他一个人扛下了三个子女的养育重担，未再重娶。目前他与第2个儿子同住，儿子非常孝顺。

当年豁出命也要保住武器的机枪手，如今手里一时半会儿也放不下的只是一根小木棍，一根要靠它走路的小木棍。

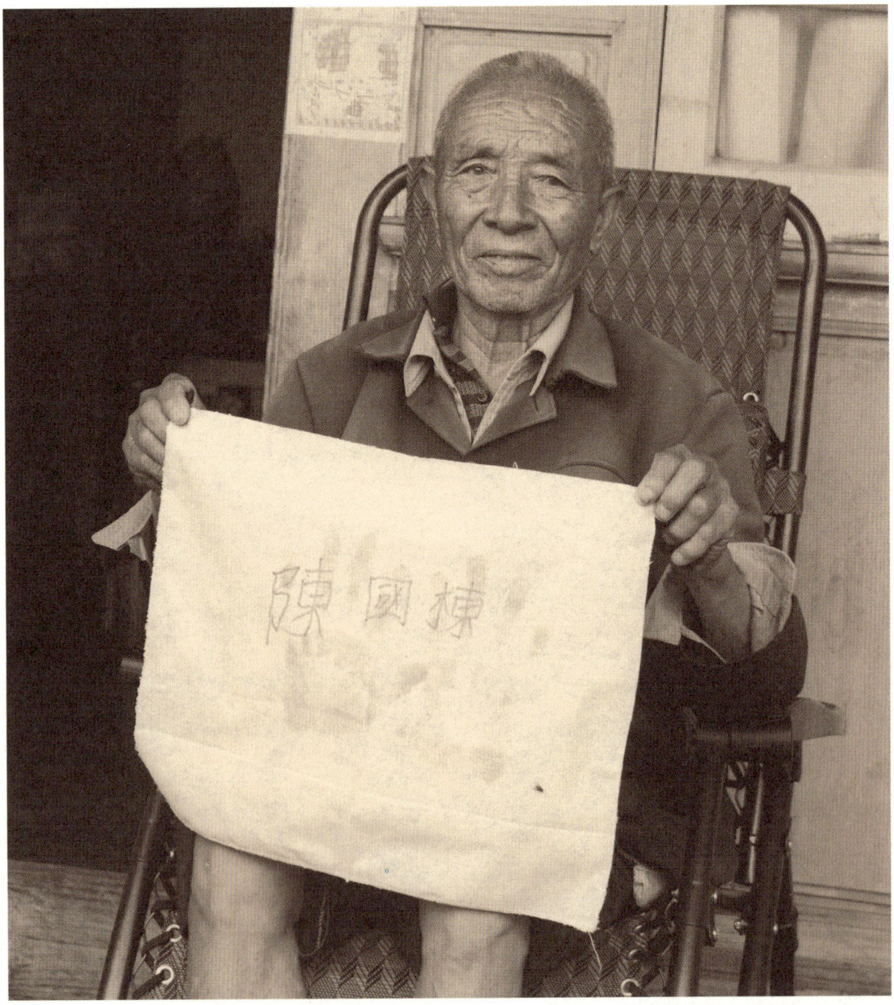

赵应国

（1929— ），原籍云南施甸，现居云南省保山市施甸县老麦乡清河村梧木桶组。1944年当兵，属71军28师82团1营，炮兵。参加过松山战役。

我是第一名炮兵

赵应国16岁当兵，打松山战役时他是迫击炮发令兵。当时，一门迫击炮需要六个人围着转：测算目标发口令的、装弹药的……赵应国就是最重要的那个测算目标发口令的人，他说自己是“第一名炮兵”。

回忆往事，老人现场给我们演示了一次发炮指令。

赵应国：我是第一名炮兵！迫击炮最远打2850米，一次装8个药包，炮口越低打得越远，如果是45°，就可以向上爬20米。

初八过江，十二日打竹子坡，十三日到十四日到松山打。（就讲完了？）讲不完！一天一夜讲不完！在松山在了一个月零三天，因为我们的人伤亡多掉了，就让我们退下来到镇安大坝守飞机场。

赵应国还记得，松山上的松树长得密，但是炮弹更密。许多茂盛的大松树，打完仗只剩下半截树桩，死人更是多得埋不过来。

赵应国：日本人的碉堡修得最好，那个钢板是每块四寸厚、六寸高，尽是钢，不有夹铁，火箭弹只打得穿一层，它是有两层，打不通。啊么么（啊呀），那个厉害得很！有一次天亮了才发现松树后面有个碉堡，打电话叫我们的飞机来炸，我们的炮也全部射击这两棵松树。啊么么，那个才害怕人，炸弹也下、雨也下、大炮也响，到落脚（结果）是，这两棵树只剩下一丈多高的两个树桩桩。

日本人有旗子，上面还写着“百战百胜、圣战不败”，说他们不有打过败仗，还是被我们打垮掉，死的人多呢（得）害怕。在那个松树根根边，一个、两个、三个、五六个、七八个……黄窝窝的一坡都是，死掉了。

赵应国所在的82团在战斗中伤亡也非常大。有一次他受伤快死的时候，一辆美国军车上的翻译把他拖上车救了他一命，日本人的炮弹就一炮接着一炮追着车打，好在都没有命中。

赵应国：那个翻译是个广东人，看见我趴在路上，就把我拖上车，掉转头跑，那个炮就连着打来，不有打着。（那个炮是追着打都没有打着？）要平常是打着了，那时是车子跑着，就打不着。那个时候受苦受难的事情讲不完！

从绞杀了上万条鲜活生命的松山走出来，赵应国老人一辈子恨透了日本人，有时候在电视上看着看着都还冲动得想动手打。说到这里，赵应国老人又有些不忍。

赵应国：又说他们没良心又觉得木单子（可怜）呢。那个碉堡里面没有补给，那个饭团长了这么长的毛，也只得吃，木单子（可怜）呢。

杨国其

（1931—　），原籍云南施甸，现居云南省保山市施甸县太平镇李山村下西山村民小组。1943年当兵，属71军28师82团，勤务兵。参加过松山战役。

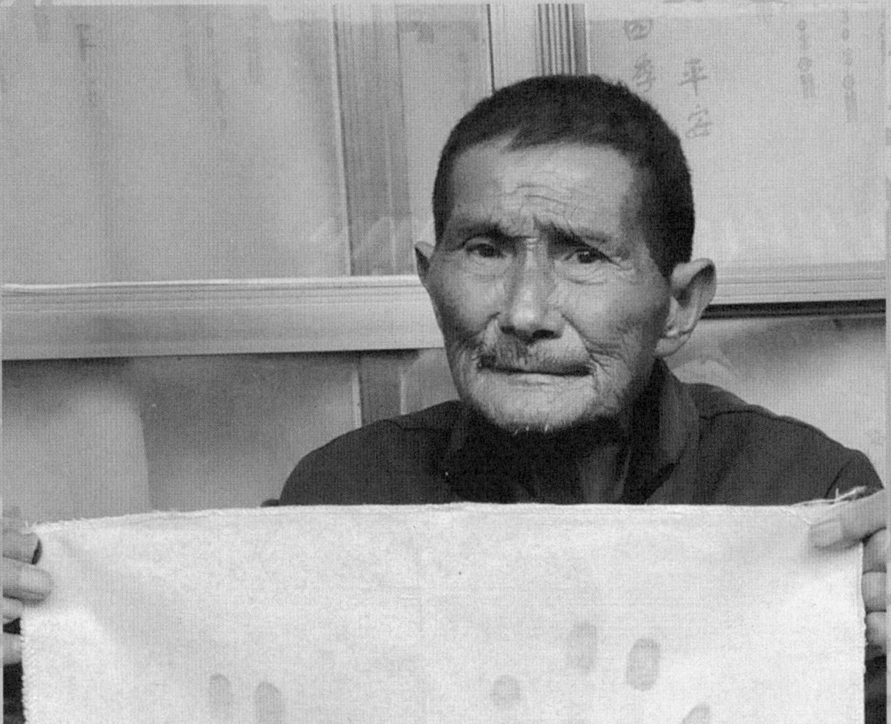

120个人只剩得四五个

杨国其先后有七个孩子，现在年纪大了，闲来无事就随心到几个孩子家逛逛。我们去的时候，在李山村家里找不到人，儿媳说老人这几天心里烦闷，到地理村大女儿家散心去了。

杨国其是目前我们知道的年龄最小的远征军老兵，他入伍的时候只有12岁，因为哥哥被抓兵后逃走，作为弟弟的他只能顶上。杨国其入伍后被编入71军28师82团，因为岁数太小，几乎还没有一支枪高的他被分给轻机枪连连长当了勤务兵，有时候送信，有时候帮连长洗衣服做杂务。

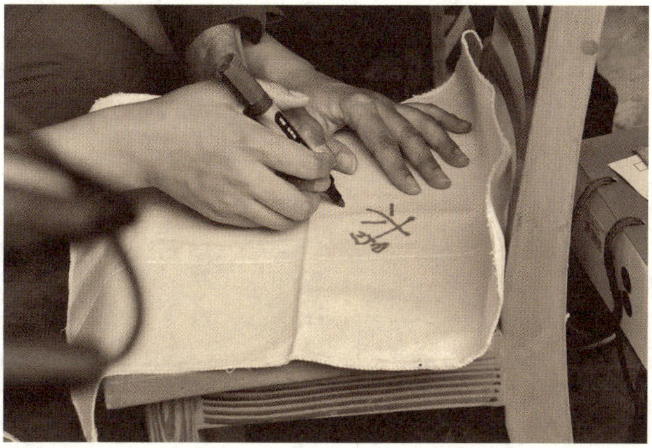

杨国其：机枪也抬不动，像我这种娃娃兵在部队里面还有好几个。军服穿在身上，长长的一老方地挂着，也不有人帮忙改大小。我的连长叫周亚东（音）。

杨国其跟着部队先是在蒲缥训练了半年，然后就到了前线，最后一直跟着连长上了松山。

杨国其：在黄草坝打得厉害，日本人是朝前（先）来，工事碉堡全部修建好。等到我们来，也是挖起战壕跟他对着干。人是被打死掉多少，我们牺牲完一批又来一批。我们连有120多人，最后只剩得四五个人。那时候我生病回家，要不也死了。听说连长也死了，子弹打中腮帮，对穿。

杨国其因为生病，回家养病，部队开拔去河口，他就没有跟着去了。

王明兴

（1925—　），原籍重庆江北，现居云南省保山市昌宁县田园镇文昌社区大塘子居民小组。1943年当兵，属71军，步兵。参加过松山战役。

松山，是座血山

王明兴由于当兵时年龄很小，只有14岁，所以当了很长时间的勤务兵，为长官们做些端茶、倒水、打扫卫生的活儿。松山战役打响后，他也上了战场。初上战场时，没有经验，他只知道胡乱开枪。有一次遇到敌人冲了过来，慌乱中的他把死尸盖在身上逃过了一劫。

王明兴和战友曾在山上发现一个日本人建造的洞，里面有很多的岔道，上面摆满了罐头和其他军用物资，还有许多日本人的尸体。他们谁也没去动那些吃食，“因为害怕日本人下毒”。

寻访组的顾问、二战史专家戈叔亚说，那个洞可能是日军的仓库，地址或许就在今龙陵的黄草坝一带，具体情况还有待进一步考证。

王明兴掀起裤腿，露出他小腿上的伤疤，那里被子弹打了一个对穿，但当时却不知道疼。或许，活着，才是最真实的感觉。

王明兴：松山，是座血山……

战争还未结束，王明兴就离开了部队。他当了逃兵。

害怕被抓回去的王明兴一路上担惊受怕地来到了目前居住的地方。村民知道他是从部队里逃回来的，好心地告诉他如何躲避。

王明兴：他们告诉我当兵的经常戴帽子，所以额头是白生生的，以后要多晒太阳，把额头晒黑了，那就谁也不知道你当过兵了。

王宪蔚

（1926— ），原籍云南施甸，现居云南省保山市施甸县老麦乡茨桶村搬旧寨六组。1940年当兵，属第8军荣誉1师，步兵、骑兵。参加过松山战役。

日本人的袜子像牛蹄子

老麦乡位于施甸县城东北部，距城33公里，并不算远，但是山路极为崎岖难走。人坐在车里颠簸弹跳了差不多两个小时，彻底头晕目眩了才终于到达。

王宪蔚老人居住在茨桶村搬旧寨，当兵的时候只有14岁。

王宪蔚：我是家里的老三，有五个兄弟，五丁要抽二。600块大洋一个人，找人顶替。家里没有的，就要去，一走就不知道死活了。那个时候是14岁，有七十几斤，我们一个寨子抽了三四十个人，最后回来的只有一两个。其他人不知道，怕是死在哪里也不知道了，没音信了。

王宪蔚先是当步兵，后来又在龙陵当过一段时间的骑兵，主要从事情报收集工作。他所在的第8军荣誉1师当年是攻打松山的主力部队。不过，年深月久，老人对战斗过程的回忆已经不太连贯，给他留有深刻印象的是两种东西。

王宪蔚：搬山镜。在松山刺探敌人情报，就要用搬山镜搬（观察）。隔着一座山，对面支着几门炮、有多少人都望得见。

王宪蔚：松山打下来以后，剩下的日本人乱跑，鞋子和袜子在山头上到处乱丢着。日本人的袜子是两叉的，像牛蹄子一样。

老人形象的比喻逗乐了大家。看到我们都笑了，老人略略有些困惑和不高兴，也许在他的观念里，这些浸透了苦难和鲜血的记忆，容纳不下轻松的笑声。

松山攻克后，没有人来收编他们这些散兵，王宪蔚就回到了施甸老家。他二十六七岁成了亲，先后有过三个孩子，死了两个，现在已经有重孙女了，算是四世同堂的好结局。

说起当年打仗吃的苦和回家后生活的不易，老人并不抱怨。

王宪蔚：八字就是这样啊！

梅正国

（1925— ），原籍云南昌宁，现居云南省保山市昌宁县翁堵乡翁堵村街下村民小组。1943年当兵，属独立工兵第2团，工兵。参与过架设潞江桥，参加过松山战役。

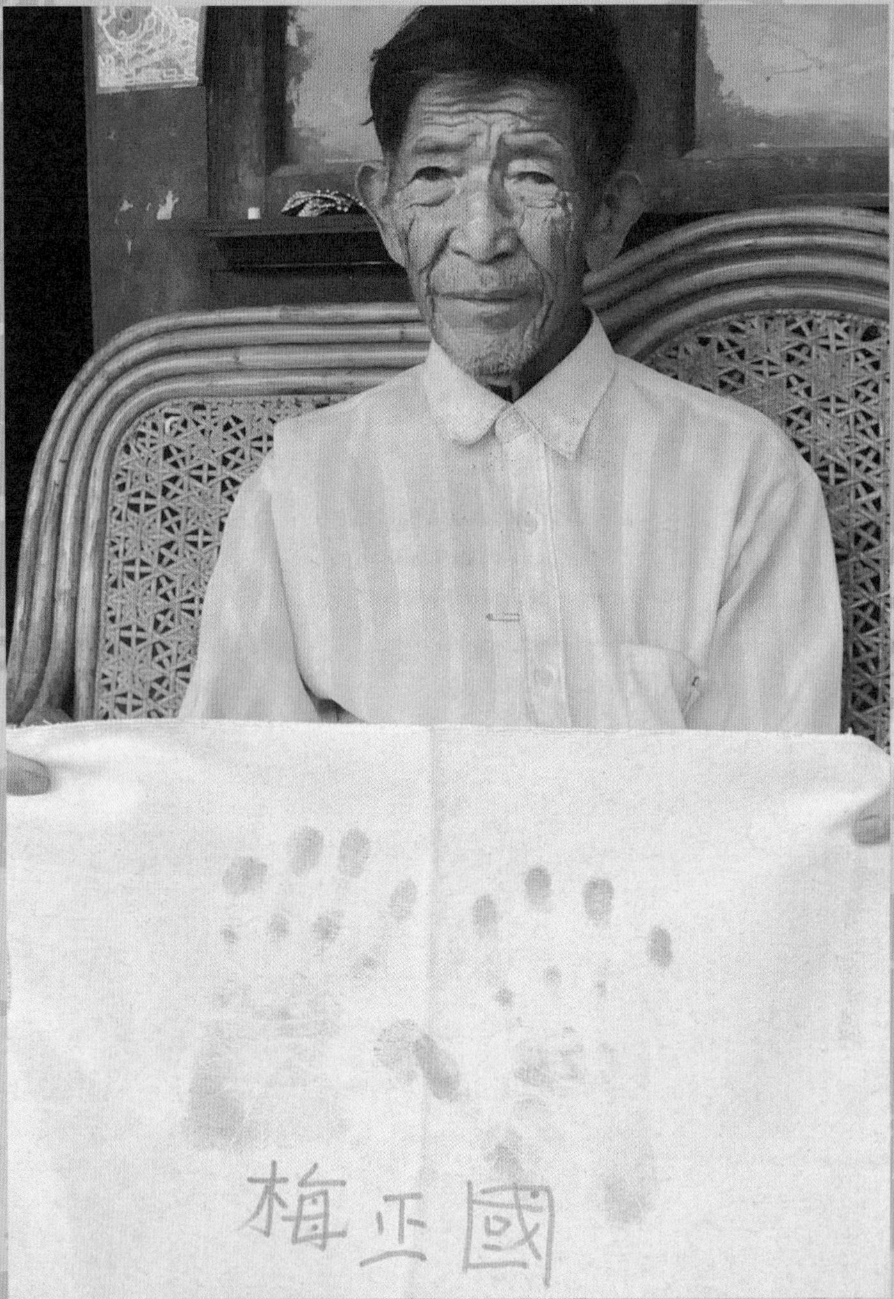
梅正國

在松山挖工事存炸药

梅正国不爱笑，说起话来一本正经。他非常在意他说的话别人是否在认真听，所以他大概说两三句话后就会询问对方：“你懂不懂？”他眼睛不好，说这话时总是将脸与对方贴得很近。在这样的直视下，是不能撒谎的，懂就是懂，不懂就是不懂，当然如果你回答“不懂”，他会不厌其烦地再讲一遍，直到你说“懂了”为止。

他与同是昌宁籍的老兵李国义是战友，当听说我们昨天才采访过他时，他有点不高兴地说：“他

咋个不跟你们一起来家里看我？”

梅正国是工兵，属陆军独立工兵第2团，曾在1944年参与架设潞江桥，后来他们又将自己亲手架设的潞江桥炸毁，梅正国说是因为“敌人要来搞破坏”。他说可惜是有点可惜，但是“拼它个鱼死网破，一个也走不成”。

松山爆破前一个月，梅正国与战友们奉命在松山南面挖山洞，存放TNT炸药。炸药很多，骡马和人运送了将近一个月。

工兵一般不参加战斗，梅正国说如果步兵抵不住，他们也要上。

滇西抗战结束后，梅正国跟随部队北上，后在山东加入中国人民解放军，隶属第3野战军第1纵队。

活着的记忆

记忆是抗战中被改变的命运，记忆是怒江翻腾的水花；记忆是C-47腾空的机翼，记忆是军号的嘹亮激昂。一个个记忆的片段拼合成人生的千回百转，更拼合成抗战的浴血牺牲与波澜壮阔。

幸存的远征军老兵们正是这历史拼图中不可替代的一个个元件。他们是活着的记忆，也是活着的历史。这不仅是他们的记忆，也是我们共同的记忆。

刘 华

（1922— ），原籍湖南，出生在北京。属第8军荣誉1师师部，少校作战参谋。

怒江边上指挥渡江

这是一处建于20世纪七八十年代的老旧建筑，即使加上狭小的过道兼厨房，房间里也逼仄得几乎转不开身，远征军老兵刘华就独居在这里。比起大半生的漂泊坎坷，这不足50平方米的空间，就算是个小小的安乐窝了。

刘华1922年出生在北京，父母都是读过洋学堂的知识分子，但时逢乱世，他从小就体会到了什么叫作颠沛流离。

刘华：我父亲是北京朝阳大学学法律的，就在北京做法律工作。我母亲也是湖南人，曾经在北京女子中学，当时叫在洋学堂读书，思想还是比较开放。出生以后我没有兄弟姐妹，就我一个人，所以小的时候基本上在家里面父母对我是非常疼爱。我出生那个年代正是军阀混战的时候，所以在小的时候就有这么一个印象，就是一下张三又打过来，一下李四又打过去，是不得安宁。

为求一份安稳的生活，父母不得已带着幼小的刘华搬迁到了湖北武昌。在武昌读书到15岁，卢沟桥事变爆发，全国上下一片抗战呼声，深受感染的

少年刘华再也坐不住安静的学堂，决意投笔从戎报考黄埔军校。

刘华：我记得我考的那个作文，题目就是《国家兴亡匹夫有责论》。考了以后啊贴一个大榜，张三、李四，名字就贴在那个上头，自己要在那个大榜上去看去找。当时我觉得考不考得取还没有把握，所以看榜时就从这个排尾往前面数，一直是数数数，数得没剩几个了都还没有找到自己的名字，就觉得好像是没有希望了。最后一起去的同学说："你在那里你在那里！"结果一看呢，我还是考到前面的。

刘华至今记得在军校上的第一堂课就是：对"侵犯我领土与主权"的，必须"防止而歼灭之"！

刘华：这堂课给我的印象是很深刻的，讲的是《步兵操典》的纲领的第一条。《步兵操典》是一本小册子。当时国民党军队规定，《步兵操典》作为下级军官是必读的。这个纲领的第一条，一直到现在我都记得很清楚，条文是这种："国民革命军，以求得我中华民族之自由平等为目的，凡有侵犯我国家领土与主权，必须防止而歼灭之，以完成我军人唯一的使命。"这个就是条文了。通过这个条文呢，我才知道，我们将来要去的部队是国民革命军，建立这支军队的目的，就是要维护国家领土主权的完整。当国家领土主权受到侵犯的时候呢，那就是要全力防止而歼灭之。

在黄埔军校学习了三年，毕业后刘华被编入新11军，也就是后来的第8军。他被分配到第8军荣誉1

师第1团第2营机枪连当少尉排长。

1944年，第8军正式编入中国远征军奔赴滇西。刘华此时已升任为荣誉1师的师部少校作战参谋。他印象尤其深刻的是在怒江边上指挥渡江的情形。

刘华：我记得当时往返一次大概要将近一个钟头，那个橡皮船，确实是颠簸得很厉害。同时那个水流也很急，橡皮船一放过去就往下游冲了，只有拼命往前划，每一次渡过一批。所有橡皮船同木船加起来每批可以渡过一个连的样子，这样子就分批分批地，一批一批地过去。整个（部队）我们一天一夜全部渡过去了。

抗战胜利后，刘华改编到了新1军，在不久之后的内战中，他随部队在元江被俘。作为一名军人当了俘虏，刘华觉得是羞耻的。这与政治无关。

1958年，刘华在云南省第二监狱服刑，出狱后又在安宁磷肥厂劳动。1968年，新政策落实，刘华被安排到昆明水泥制管厂工作，随后在这里结识了现在的老伴儿。虽说一儿一女都是老伴儿与前夫所

生，但是对刘华很孝顺，如果不是儿子意外去世，一家人虽不富裕，也其乐融融。老人很知足，他唯一的遗憾，是没能替父母送终。

刘华：我父亲在四二年去世了。我母亲是什么时候去世的不晓得。解放以前么通的信，解放以后呢在那种情况之下呢，开始嘛是无法通信，不知道老妈妈去的哪里，后来呢就不可能通信了，关进监狱完全也不想通信了，所以母亲什么时候死的、在哪里死的都搞不清楚。

与平生的波折困顿相反，刘华的讲述始终是平静的。同行的二战研究专家告诉刘华，昆明圆通山第8军抗战纪念碑要修复了，老人难得地高兴起来。

刘华：原来听说要修复，说了多少次，结果还是一架飞机停在那个地方。如果今年修得好，可能我还看得见！

堅苦卓絕

杨永仁

（1929— ），原籍云南施甸，现居云南省保山市施甸县太平镇地理村。1943年当兵，属71军28师82团机枪连。

杨永仁

坐上橡皮船就使劲划

杨永仁与我们前面提到的杨国其是同一个连队的战友。两人结伴入伍，一起在战场杀敌，最后也结伴回家，后来，杨国其的大女儿还嫁到了杨永仁居住的地理村。在生死难料的年代，这实在是不浅的缘分了。

杨永仁：打惠通桥，一天打三场战斗。吃早饭后打一仗，晌午又来一仗，过过（过段时间）到黄昏时候又打一仗。大炮压着敌人的火力，步兵就冲上去，上去一截又隐蔽起，打打停停。到了5月18号，正打着过去，一个炮弹飞来炸在我跟前，炮弹皮就擦在脖子后面。连长就跑过来帮我擦碘酒，又用绷带绕起，就叫我下去休息。

在战地医院养好伤，杨永仁又跟着部队强渡怒江。

杨永仁：三四张橡皮船停在江边上，怕坐得下十七八个人一张，坐上去就使劲划划划，就过来到江这边了。

许本祯

（1921—　），原籍云南腾冲，现居云南省保山市腾冲县腾越镇岗峨社区墙脚边村。大理干训团第19期学员，属11集团军第6军39师116团，团部上尉干事。在云南驿机场担任机场警卫。

政府补贴办社保 让我安心来

机场里有很多美国人

许本祯，个子小小的，或许是当过小学教师的缘故，他非常健谈，说起话来绘声绘色，加上特有的本地方言和俚语，让人觉得跟他交流是件快乐的事。战争经历从他的嘴里说出来，有时竟然有了一点喜剧色彩。

1942年5月，少年许本祯在保山城的一家商店里当学徒，街上有很多从缅甸撤来的华侨，沿公路两旁停满了汽车，晚间每条街道的屋檐下和公路两旁的树荫下，睡的都是华侨难民。5月4日，许本桢目睹了保山“五四”被炸的惨景：街上赶集的以及那些以为安全了的华侨难民被炸得尸横遍野，保山城里上水河和下水河边堆满了死尸，活着的人断脚断胳膊的比比皆是。

许本祯躲在店里的桌下逃过了一劫。第二天他就回到了腾冲老家。受一个朋友的启发，许本祯决定参军，报考大理干训团，父亲以他已当过学徒，可以找口饭吃为由，不同意他去。许本祯对父亲说：“就算可以找口饭吃也是在日本人鼻子底下喘气，太窝囊，而且国难当头，青年人应该报效国家。”

干训团的训练很辛苦，许本祯说上厕所都要小跑。学员一般是自愿报名来的，所以没有喊累，大家都经常互相安慰。

从干训团毕业时，每个学员都被剃了光头。许本祯被分配到云南驿机场做机场警卫。除了日常的守卫任务外，他们还负责给飞机擦枪上子弹。

许本祯说轰炸机很贵，所以每架轰炸机都有单独的“机窝”给它停放。机场里有很多美国人，黑的，白的，黑人开汽车，白人开飞机。许本祯说他一直觉得这是种族歧视，为什么不给黑人开飞机呢？

和美国人在一起的时间长了，他也学会了几句英语，印象最深的是“Goodbye（再见）”。许本祯说这句英语的意思是：你走你的，我走我的。

腾冲光复后，许本祯离开部队在家乡当了小学老师。他说如果现在有日本人来看他，他要跟他

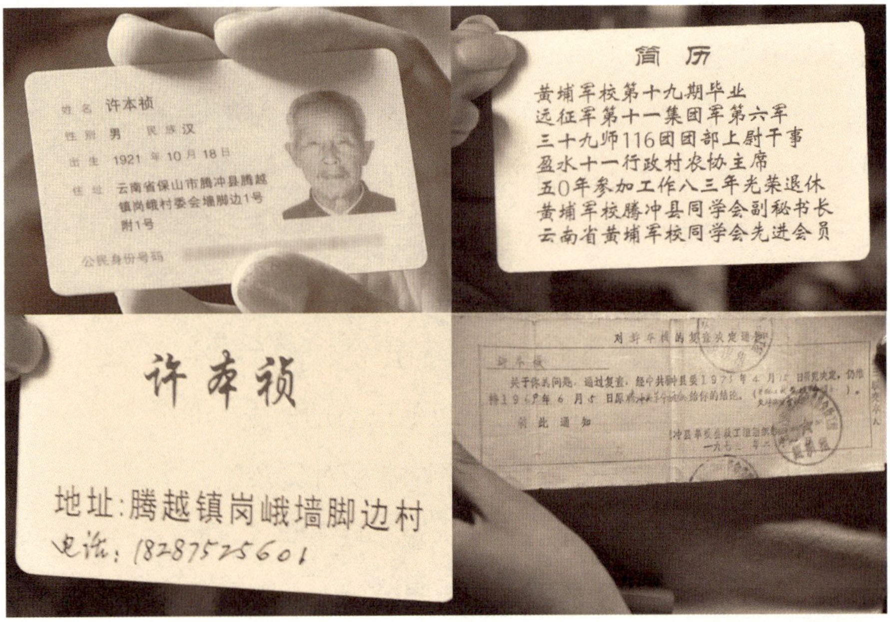

们理论理论，要好好地跟他们讲讲道理，但是现在不能打他们了，打了是犯法了。他以前倒是有机会打，但是也没打成。当年在云南驿机场，他见到了日本战俘，他们跟中国人长得差不多。他本想去打一顿出出气，可被长官制止了。

杨维孝

（1925—　），原籍云南腾冲，现居云南省保山市腾冲县界头镇清水河村。1942年当兵，属预备2师2团1营，工兵。参加过腾冲收复战。

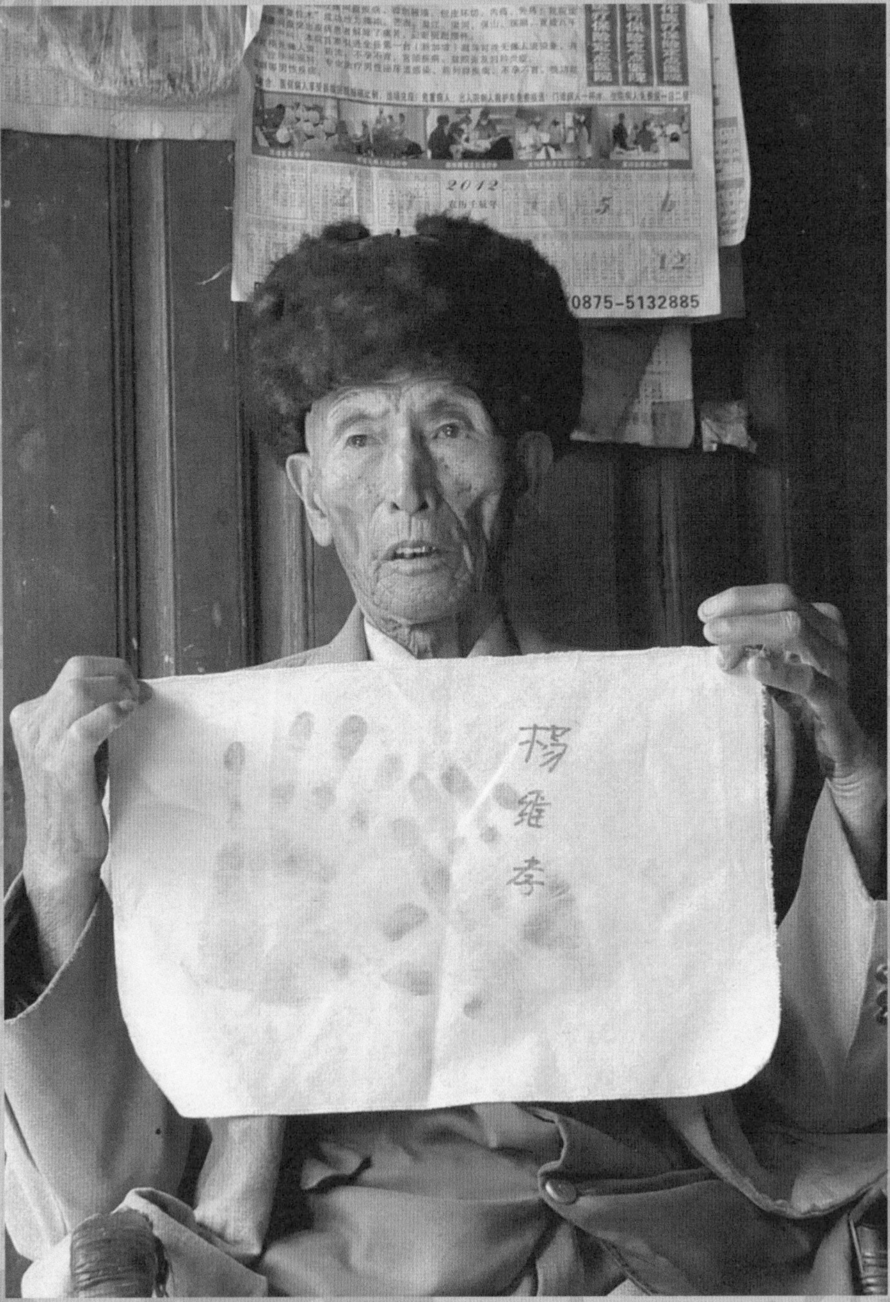
2012
0875-5132885
杨维孝

没有文化挥错了旗子

杨维孝与大多数被抓兵的人不同，他当兵时是自己报名去的。说到原因，老人有点羞涩，因为当时家里的大哥突然去世，为了留住嫂嫂和侄子，只有七八岁的杨维孝被迫与年长很多的嫂嫂拜堂成亲。

杨维孝：大哥死后，还有二哥跟我。二哥小时被火烧伤了脸，嫂嫂嫌弃，就叫我结婚。舅舅抱着我磕的头。

但是杨维孝并不甘心这样的命运，仗打起来，兵员紧缺，到处抓兵，已经十七八岁的杨维孝就主动报名离开了老家，希望借此改变惨淡的命运。几年之后，仗打完了，他仍然在外游荡到处帮工，可惜抗争不过，最终还是被找到抓回了老家。

杨维孝：腾冲打开后，预备2师的兵都要开到别处。到了保山，晚上歇的时候，我说要出去解个手就跑了。跑了也不来家，不喜欢跟大嫂过。在永平有个赶牲口的叫我去帮他家，帮切草、碾米、砍柴，杀了猪晾腊肉，不有菜拿一块腊肉烧烧就吃，还给工钱，还说你家里的床铺是哪样也给你哪样。后来我骑个大骡子上街帮他家买烟，结果被另外一个村子也是去当兵的尹志雄（音）见着，就挨（跟）我家人说。家里人又出钱请人去找（抓），7月间才又回家。

今年已经88岁高龄的老人，说起往事仍然愤愤不平。似乎对这个困守在土地上一辈子的老农而言，战火纷飞、出生入死，都不如今生感情上的不如意更为遗憾。

比起家庭生活，老人更愿意谈论那些离家当兵的快乐时光。

在部队上，杨维孝曾经有机会成为一名旗语兵。现在，他仍记得许多旗语的动作，眼睛一直斜瞄着指尖，颇有架势，做起来有板有眼。可惜从小生活在山村的杨维孝认不得字，挥错了旗子，只一次，就被发配到工兵连去挖战壕了。

杨维孝：开初在营部，后来又去通信连，也不讲几排，就叫通信连。挥旗的得跟号兵在一处，拿两杆旗子打。我不识字，就打错手势。叫师长、营长后退，要右手朝里，打成左手朝里，错掉，就调去工兵连了。

留给远征军老兵杨维孝深刻印象的还有美国大兵曾经请他吃过的各种奇怪的东西。

杨维孝：他们还吃老饼干，打成一块块，各人拿一袋，调成面糊，压缩饼干。由炊事班分发好，各人有个小饭盒，七个八个摆在一桌，各人吃各人的。还有他们美国人腌的腌豆子，我们闻着那种气味敢都不敢吃，但实际拿起吃着最香。还有那个罐头是在这里别着一把钥匙，用钥匙一扭，顺着扭一圈就开了。

STILWELL ROAD

何 亮

（1928— ），彝族，原籍云南弥渡，现居云南省保山市隆阳区永昌办事处和平路16号。1942年当兵，属71军28师84团，司号长。参加过松山战役。

军号的旋律

何亮曾是中国远征军第20集团军71军28师84团的司号长。老人原本是大理弥渡的彝族，1942年的一天，正在家里的他被抓兵的人带走来到保山。

何亮：我家当时是弟兄多。国民党时期是兴抓兵呢，抓弟兄多的，三丁抽一、五丁抽二，五个（兄弟）就要抽两个。我们家是六个就要对半开，要抽一半。（抓你的时候你是在地上盘着田还是在家里？）嗯，在家里。（抓你的时候怎么抓，有没有手上绑起来？）绑！把人绑起来交到保（村）公所，保公所转到镇公所，镇公所又交到区公所。在区公所等凑够人数以后，比如说要50个60个，等凑够了以后再带到县里面来。等县政府、县长开开会，带兵的人在合同上签个字，在县政府交交手续，由带兵的带出去。

老人身份的发现还有一点小“传奇”。据说老人以前对参战的往事绝口不提，有一次家里的小孩从学校里带回一把小号，老人不经意拿起却吹出了军号的旋律，让家人都大吃一惊。

何爷爷非常风趣，把玩着我们从附近小学里临时借来的小号，表演了许多军号里的段子。

何亮：这个吹号有字音呢！（哼调子）就是问问你那边是什么人。（那么这边又怎么说呢？）你听着——（哼调子）这边是84团，报告长官。那边是新编28师82团，那边还不是这种说——报告团长，这边是新编28师82团。我们是一个师呢，要是认不得么打起仗来不就自己把自己的人打死了？

老人说，吹号有字音。战场上，友军问答、战斗命令，也全是以号为令。包括吃饭、睡觉、出操、集合都有不同的曲调，比如吃饭的调子是“八个八个一桌”，收操的调子是“排长连长收操”。老人风趣的表达把我们逗得哈哈大笑。

何亮：（你这个太长了嘛，吹完都吃饱了。）那么它是这样呢：八个八个一桌、八个八个一桌，有这些意思呢，真的！（这个怕是你们自己编出来的歌词……）么！你真是，这是上边教下来的，编差了一个字你敢不敢回来，就要犯错误呢！它还有谱，训练新兵是训练新兵的一段，战线上是战线上的一段，你驻军是驻军的一段，各是各的呢，有一本书呢。（睡觉是哪种？睡觉前吹号呢？）睡觉也吹号呢。收操号：排长连长收操、排长连长收操。字音是要这种呢。

也许这段从军的经历太不平常，尽管事隔多年，何爷爷不光记得每一种号音，还清楚地记得曾经唱过的军歌。

何亮：那些老百姓，被日本人欺负，哭了成什么，杀的杀抢的抢，老百姓遭殃。你没有见过，老

些的人就见过，小脚老妈妈抱着点玉米壳，老倌倌哭了眼屎巴巴的。我们还不是唱些歌给他们听听：（歌词）吹起军号打起鼓，蒋委员长调队伍。人强马壮真威武，带兵要从松山走。不要怕，不要怕，我们扛着冲锋枪。团长带兵上松山，要把日本消灭光。

老人声情并茂的回忆不时把我们逗乐，这是难得的开心轻松的一刻。70年的岁月沉淀，把曾经的金戈铁马化作了古道闲谈，我们多么感恩这一切还来得及，此时此刻能这样相对言笑。

有的时候，我们分不清楚，在这样的寻访路上，是我们带给老兵们的多，还是这些看似衰弱的老人馈赠给我们的更多。

这几年，有许多志愿者来看望何亮老人，在大家的帮助下，何爷爷曾回过弥渡老家，见到了半辈子没见面的四弟。此时此刻，还有什么比抱头痛哭更幸福的呢？

何亮：是问着信回去，我还记得这个地名，我出生的这个村子。我到了弥渡问，有一个人就带着我们到了村公所，到了村公所又把路走岔了，要走东山又走成西山上去。找了个拖拉机，到了山上，我又说我们好像是从东山出来的，又开下来，开下来又到德作那个乡公所，又请一个人把我们送到二街。原来我曾在二街下面的新庄躲抓兵，小时候就在那里帮一家人放牲口，我到了就说这个地点对了。那个寨子很大，问来问去，我说我们是新房子（村）的，有个人说你们新房子好像有一个在我们这里上门呢。顺山一溜找下来，七整八整才找到，

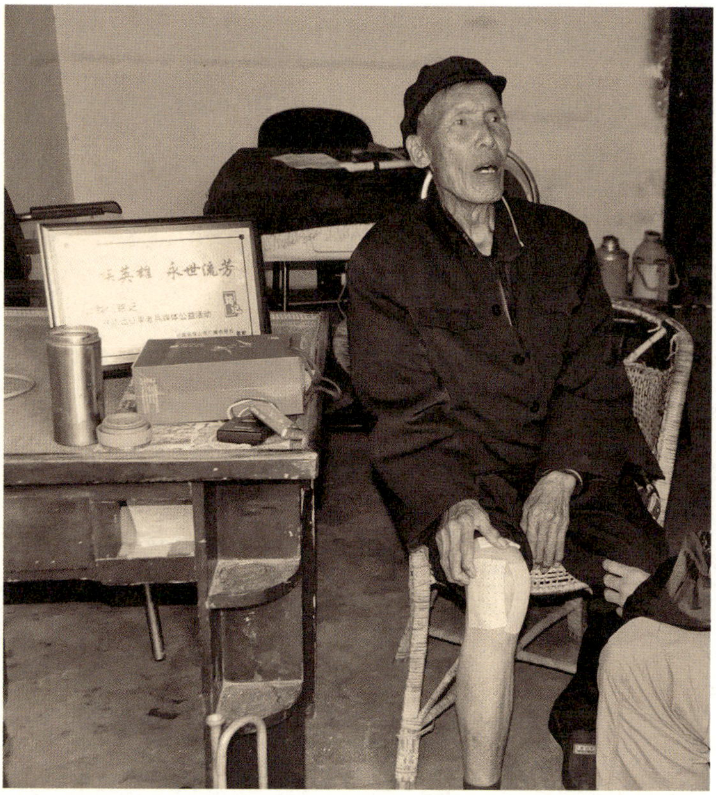

咋个就是我的四兄弟。第二天早上又把我们送到了老家，送到家里，家里人都认不得我了，说说，一家子就哭了成什么。

从保山到弥渡只有228公里，老兵何亮却走了大半生。

杨盈光

（1924—　），原籍云南保山，现居云南省保山市隆阳区蒲缥镇两眼井村三组。1939年当兵，属36师123伤兵转运站。

抗战英雄
人民功臣

伤运站的卫生兵

杨盈光所在的是36师伤运站，也就是伤兵转运站。这是把前线送来的伤兵转运到战地医院进行救治的一个机构，属正规军序列。

综合所有寻访到的老兵的叙述看，当时的战场救护医疗体系大致是这样：前线有卫生兵，对受伤人员进行简单包扎然后送往伤运站，如有些人在这个过程中已经牺牲，则先暂找地方把他们放下，做简单的掩蔽，卫生员继续返回一线；送到伤运站的伤员，如果死在站里，就择地掩埋，并将死亡及掩埋情况上报，其余伤员由伤运站送到战地医院进行救治；在伤运站到战地医院的运送中不管生死都必须送到，不能把死者丢在半路。

在整个过程中，把伤员从伤运站往医院送的属部队正式人员。想来这是为了避免民夫在运送过程中把中途牺牲人员不负责任地半途丢弃吧。

杨盈光一再强调，伤运站送的，不管死活，都必须送到医院才算结束。这是命令也是规矩。

杨盈光：最多的时候，一天要抬十多次，送到一点力气也没有。眼睛疼了睁不开，摸着路都要抬。

一副担架两个人，你要是不去，别人怎么办呢?

抗战结束后，杨盈光参加了云南的保安团，成为一名轻机枪手，后来随卢汉起义，成为刘伯承部队的一名解放军战士。

因为是抬送伤兵，不在前线，杨盈光没有跟日本兵接触过，只是见过几个被俘的日本兵，说是用铁丝穿着手腕正往后方押送中。

85岁的杨盈光，老伴健在，还闲不住，能干活。但杨盈光自己已经行动十分不便，特别是一只眼睛失明了，另一只也视力模糊。说起眼睛，他坚持认为就是当年抬伤兵时留下的根，因为当时眼睛非常疼，但是没能好好医治，还得继续运送伤员，时间长了就留下病根，导致后来失明。

杨盈光脸上长了一个大大的息肉，儿女们提出让他去医院看看，他舍不得花钱，一直没有去。现在息肉已经长得很大，占据了脸部的三分之一，杨盈光说自己都不好意思出门见人了。

说到今后的事，杨盈光特别提到，他希望自己死后墓碑上要刻上两句话：滇西抗战保家卫祖国，打败日本追出国门外。

杨盈光所居住的两眼井村，在蒲缥镇西部怒山的大山褶皱里，到这里要从施甸的水长乡绕行，先到永保再往里走。因为下过雨，道路泥泞湿滑，车子到永保后就不能再往前。也许是因为交通的不便，也许是因为山大地少，这里的生活还相当贫困。

近些年，也有志愿者到杨盈光家里来看望他

并给他一些生活上的帮助，对这些，他感慨地说：“无法报答了！”

2013年2月4日，寻访远征军老兵摄制组为他带来了志愿者孙先生赠送的轮椅。他终于可以越过住处外那窄窄的台阶，到村里转转了。

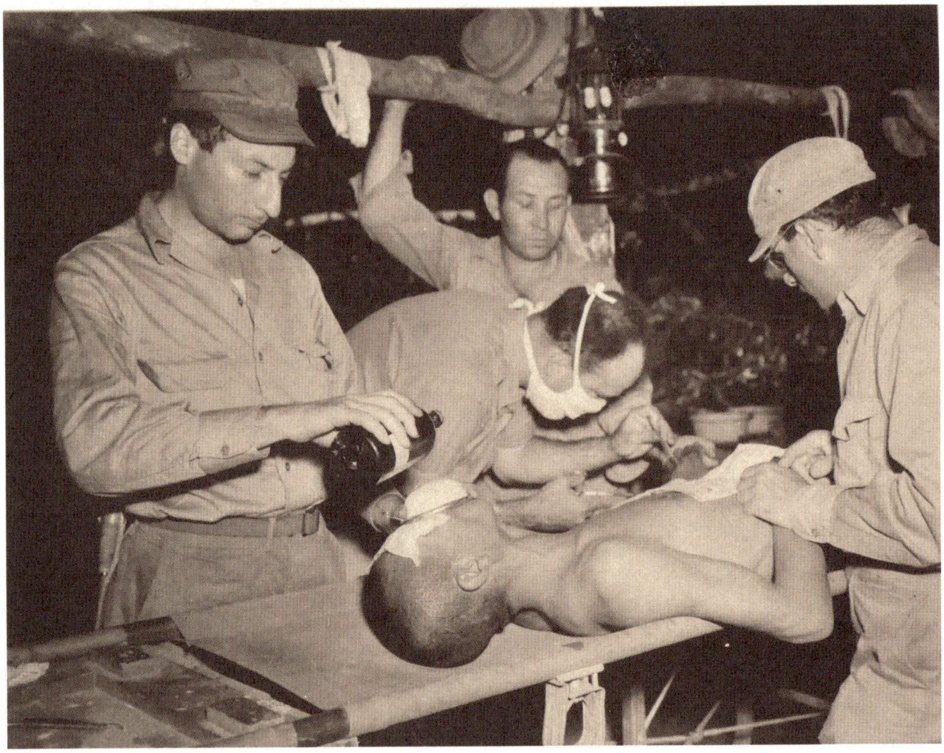

赵学良

（1929— ），原籍云南施甸，现居云南省保山市施甸县仁和镇张家村委会。

被抓兵时没来得及吃饭

赵学良穿着一身干净的蓝布衣裳坐在堂屋外认真地切着红薯叶。因为耳疾严重，除了女儿边打手势边交流的方式外，他基本无法与外人正常交流。

女儿和女婿轮番来做他与我们沟通的翻译，可是效果都不大，赵学良一直是一副莫名其妙的表情。

女儿只好将她所知道的父亲的抗战经历讲给我们听。当她努力搜索小时候父亲对她讲过的一些零星回忆时，一直旁若无人地坐在旁边的老人突然开腔了，让所有人都吃了一惊。他用寥寥几句讲述了他被送去当兵那天的情况。他说那天他到山上去砍柴，回来时家里有很多人，说是要让他去当兵。在父母阻拦也无用的情况下，他说他知道不去是不行了，就央求来的人说想吃顿家里的饭再走。来人不同意，他只好放下柴就走了。

接下来赵学良又再度陷入沉默，或者就是答非所问。但从他零星的描述中我们可以肯定一个事实，就是赵学良曾入缅作战，是名副其实的远征军。也许他记忆里最深刻的不是硝烟弥漫的战场，也不是九死一生的过往，而是他怀着永别的心情离家的那一天。

结束采访时，我们给老人送上纪念牌、慰问金和一个纪念杯。老人似乎对纪念牌和慰问金兴趣不大，却对纪念杯表现出了浓厚的兴趣。他拿出脚下放着的一个有机玻璃水杯，里面是满满一杯蜂蜜水。他把水倒入新杯子后，将旧杯子递给女儿，说："放一边去，不要啦。"然后拿起新杯子高兴地挨个儿给我们递，并说："搭伙喝（一起喝）。"我们都乐了。

杨在然

（1926—　），原籍云南施甸，现居云南省保山市施甸县由旺镇四大庄村三组。属71军88师254团迫击炮连连部，上士文书。

上士文书手绘作战地图

杨在然家不大的客厅里挂满了花鸟鱼虫的画，墙壁上几乎找不到空位。他行动轻缓，说话慢条斯理，圆圆的脸上时刻挂着笑容。

他是一名文职远征军士兵，没上过战场，当时在迫击炮连的连部从事文书工作，类似现在的办公室文秘。他的主要任务就是负责连部各种信息的起草、发布工作。

虽然没上过战场，年老后他根据战友们的讲述，和他做文书工作时积累的资料，手绘了很多幅作战图和战役场景。如腾龙指挥部的外貌、炸惠通桥时的场景和兵力布防等。

杨在然

孟绍本

（1924—2014），原籍云南腾冲，生前居住在云南省保山市腾冲县明光镇东云村街子社。1941年当兵，属预备2师，迫击炮兵。

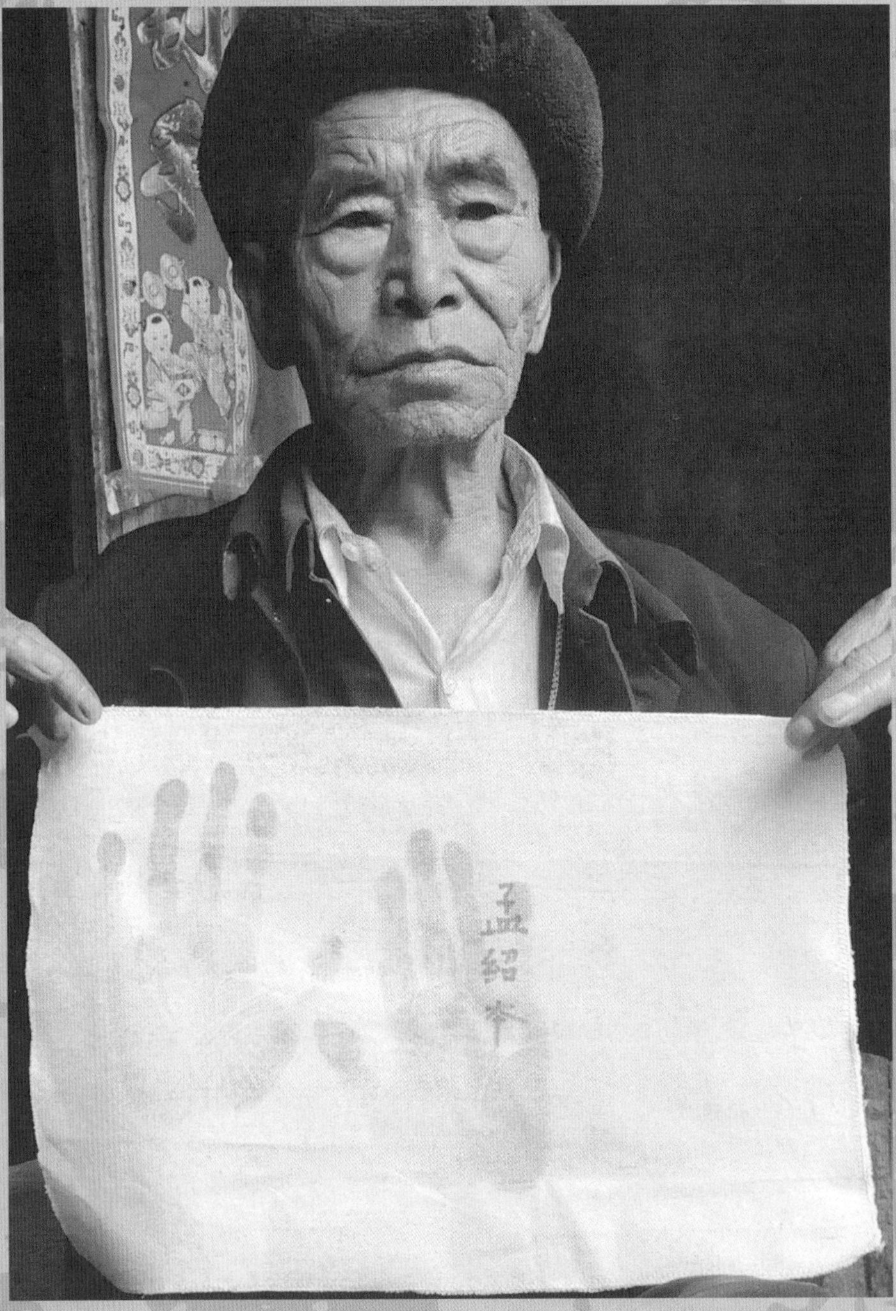
孟紹本

死人扔在炸弹坑里来不及埋

2012年夏天，孟绍本老人家里正在盖一间耳房，小院子里堆满了泥沙。

火塘边，老人开始了回忆，因为太久没有对人提起往事，老人回忆得很艰难，说一小段，之后沉默着思索很长时间，然后再说一段。

孟绍本：当兵是1941年，三丁抽一。我家有三个弟兄，大哥二哥是结了婚了，我小些，就该着我去。那时我是人小，不消拴着，其他人是用铁链子拴着去的，一根链子拴两个人，一头一个，防止逃跑。

他记得，当年打仗时日本兵穿得好，而中国远征军吃穿艰苦。

孟绍本：日本兵穿的这些是比我们的好。我们么连草鞋都不有，要自己打草鞋，撕烂破布、撕棕打草鞋。一闲的时候就快打，打得两三双、三四双装在背包里头背着，等到要紧时候直接穿，要不就打光脚板。我当时当上等兵，一个月还有四五块饷钱，可样样都要钱，也不够用。

我们的炮是八二迫击炮。一门炮有一个瞄准手，一个发射手，还有一个装填手，还有擦炮弹的，几个人呢。打炮的时候，要先测量，第一炮要是打差掉，或者远了，或者近了，到第二炮就赶快修改，第二炮就准了。没有打着过自己人，那种是要受处理呢。要是打近了，长官和前面的兵都会扭头回来骂。

那时候年纪轻着，不怕打仗，一个炮弹打过来心上也不焦，那点勇气还是有呢，还是恶（勇敢）呢。

有时候说日本人在山这头，通信连就赶忙架线跟着上，才架好，又讲日本人朝山下边去掉了，就又赶忙收线重新架。通信连木单子（可怜）了，一晚上收线一晚上架。

我们是不该死的了，死的是在城里就打死掉了。死的人太多了，死在哪就在哪，又不得收埋，忙不赢抬。有些是丢在炸弹坑里，发臭，蛆虫一堆一堆往上翻，我们就在旁边吃饭，臭得吃不下。打不死的一起回家来的也有，孟德满（音）、孟守本（音）、吴兴强（音）、潘国安

（音），还有段少大（音）……我们年纪上下不多，现在也老死完掉了。

这些年来生活的艰难孟爷爷都埋在心里，很少对人提及。

孟绍本：这些年咋个难过都装在自己心头，不敢跟别人讲自己当过国民党兵。

所幸的是孟绍本老人膝下的儿孙都很孝顺。因为孟爷爷只能听懂腾冲方言，大儿子总是亲热地搂着孟爷爷的脖子充当翻译的角色。这样和乐的场景，让大家心中欣慰。

我们问老人，需不需要帮助解决什么困难？儿子连连摆手："不说这个，不说这个，困难都是我们自己的问题，我们自己解决。"

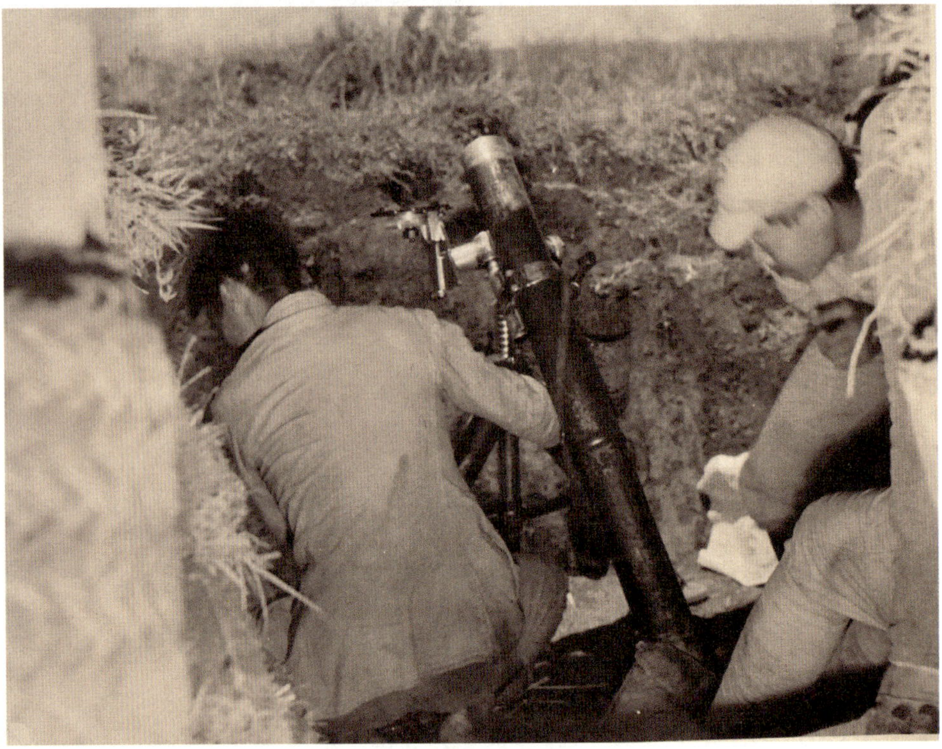

在异乡

这些曾经“留学”海外的远征军老兵，大多不约而同地谈起当年“坐飞机”的情景和经历。为了抗战，初次离家即远赴万里之外，或许这些当时的年轻人永远都忘不了那时的忐忑和感伤。

闻所未闻的毒虫，极不习惯的饮食，难以驾驭的精良装备……韬光养晦，为了民族抗战的胜利他们离开家乡。卧薪尝胆，身处异乡的他们蓄积着反攻的力量。于是在他们学成之日，就有了驾驶汽车一路高歌的豪壮，有了驾驶坦克奔杀回国的酣畅！是的，离家就是为了更好地回家！

罗光明

（1926—2013），原籍云南昌宁，生前居住在云南省保山市昌宁县湾甸乡上甸村街子村民小组。1943年当兵，属炮五团驻印步兵特务大队，士兵。1945年初回国，参加过新平洋、汀江等战斗。

腿上的疤痕

七月份正是昌宁最热的时节。我们去的那天，天空下着小雨，又湿又热。

罗光明家非常宽敞，一间正房，两间厢房，宽大的院场。因为是热区，两间厢房都没有门，就这样敞开着，估计是为了乘凉方便。

罗光明静静地坐在厢房的一张藤椅上，身躯细挺。他说话很轻，温和而轻缓，浓厚的本地土语加之一口已经残缺不全的牙齿让人听起来有些费劲。

1943年，新婚九个月的罗光明当了兵。年轻也没文化的他不知道当兵做什么，也不知道要去向哪里，茫然地跟随部队一路来到了昆明，开始了正规的军事训练。

在一个毫无征兆的早晨，他们集合到了机场，在他们旁边集合的，还有许多骡马。随后长官命令：上飞机。骡马和人都分别上了不同的飞机。那次乘飞机是第一次，也许也是他有生之年的唯一一次，却没有丝毫的兴奋。

罗光明：上了飞机东南西北也认不得，黑茫茫的。上了飞机有些人就哭，我说哭也没有用，就是一条老命了，一个人早死迟死都是死一回。

九个小时后，罗光明和战友还有骡马来到了一个陌生的国度——印度。他不知道他此刻已成为滇西抗战史上有名的驻印军。在印度汀江下飞机后，他想到的只有遥远的故乡，并悲伤地认为这辈子是回不去了，做不了中国人了。然而短暂的茫然失措后，是接踵而来的现实。

初到印度时条件很差，气候环境也不适应。那里很热，各种有毒无毒的虫子肆虐，有时睡一觉起来腿上会爬满各种虫子，现在他的腿上还留着当时虫子咬伤后的疤痕。

罗光明说，常见的虫子有“马鹿虱”“草虱”“山螃蟹”和蜈蚣，在有草有树的地方待长了这些虫子就会爬到身上来。特别是那种叫作“马鹿虱”的虫子，叮在人身上要用铁夹子才能拿掉。他腿上的疤痕呈浅黑色，用手触摸是凸起的条纹，他说这是一种叫“山螃蟹”的虫子爬过的地方。

到了印度后，罗光明被编入炮五团。当时，他们全是美式装备，但是这样的精良装备对于矮小瘦弱的他来说简直就是灾难。

罗光明：用美国的装备，穿美国的衣服。裤子是马裤，鞋子是打到这里，走路重橐橐的（很沉重），提也提不动，鞋子很重，一双有十多斤。我们就拿美国汤姆逊冲锋枪。美国汤姆逊冲锋枪那个子弹有这么粗，五六个梭子腰杆上坠着，还要背着手榴弹，手榴弹还是铁壳手榴弹，不是木把的。再加上饭包、水壶，全部总共有五六十斤呢，跑也跑

不动。光那双鞋子穿着不要说跑了，一下又摔跤，一下又摔跤，我摔了好几回了，如果跑慢了，长官会拿枪屁股来冲（敲）你呢，唉！这么受罪不知是怎么过来的，我自己好好回忆，不知道怎么会活到今天的。

罗光明参加过很多著名的战役，如胡康河谷之战、新平洋之战。在战斗中主要做侦察工作的他最常用的工具不是枪，而是望远镜，他叫它“搬山镜”。他解释说是因为它可以把远处的大山搬到眼前来。

罗光明的战友除了中国人外，还有美国人、英国人和印度人。对于美国人和英国人，罗光明觉得他们很友好，有好吃的还会和他们分享，而对那些印度战友罗光明就颇有微词。他说他们头发都很长，不知道为什么不剪，以至于男人和女人也分不清，看着很“恶俗”（不舒服）。

因为觉得自己已经不可能再回到故乡，为让

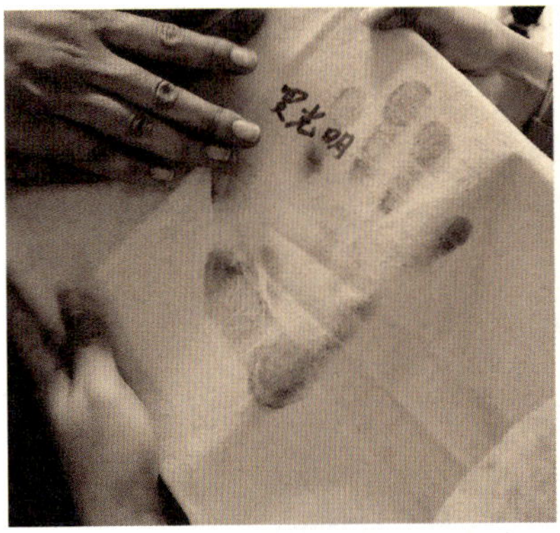

自己不再那么痛苦，同时了断自己回家的念想，罗光明没有给家里带去任何音信。他说反正也回不去了，想也白想，就让他们觉得人已经死了吧。

1945年初，罗光明终于随部队回到了国内，但是却没能回家又跟随部队南下。

六年后，罗光明回到了阔别了九年的家乡。家里的爷爷奶奶、父亲兄弟，和他新婚不久就分别的妻子均已去世，只留下满头白发的母亲和十来岁的妹妹，而他们也几乎认不出他来。没怎么见过生人的妹妹见到他就躲起来，他拿出在街上买的两包糖，一包给妹妹，一包给母亲，对母亲说：“妈，现在我们团圆了……”一家人抱在一起哭了。

回到家后，罗光明才听邻居们说，父亲早在9年前他去参军的第二天就去世了，而他的新婚妻子为了生计烧炭卖，劳累过度而死，下葬时竟没有棺木安放。

罗光明说他现在经常回忆起往事，独自会哭，哭了好几回，但是会躲着家里的小娃娃（小孩），不给他们看见。

罗光明回家后，一些同被征兵的战友的母亲来向他打听儿子的下落，他说他不知道该怎么回答。

罗光明：没有回来，多半是死了，部队里经常发“鸡窝病”，“鸡窝病”一发，一天会死二三十个人。活人还没死就拖去埋掉了，还没死呢，还没断气就埋了。两三个、三四个埋一坑，有的连队是一百四五十个人，死得就剩得二三十个人。

自此，罗光明老人没有再回到部队，他发誓再也不离开母亲。新中国成立后，罗光明有很多的就业机会，但经历过生离死别的母亲说什么也不让他离开，他便放弃了工作机会，一生务农，陪伴母亲直到终老。

罗光明：他们是要安排我工作呢，老人不让去。我妈说隔长了，隔了十来年了，一说去（参加工作）的话她就哭起来，我说哎呀算了算了，干农活也能活呢。

回忆一下六十多年快要满七十年了，我的青春也过完了，就过到现在了。

罗光明与老伴育有四个儿子，目前他与第三个儿子同住，子女孝顺，生活无忧。

在我们来到这里以前，没有人知道罗光明是远征军。他曾经跟他的儿孙们讲过他到印度的事，大家都觉得他在讲“古”（传说），当个笑话来听，我们也是在听到这个“笑话”后抱着试试看的心理找到他的。很荣幸，很庆幸，我们相信了这个“笑话”。

每箱壹枚毛重卅一公斤

杨毓骧

（1926—　），原籍云南施甸，现居云南省昆明市云南民族大学教职工宿舍。1944年当兵，属驻印军暂编汽车第1团，汽车兵。

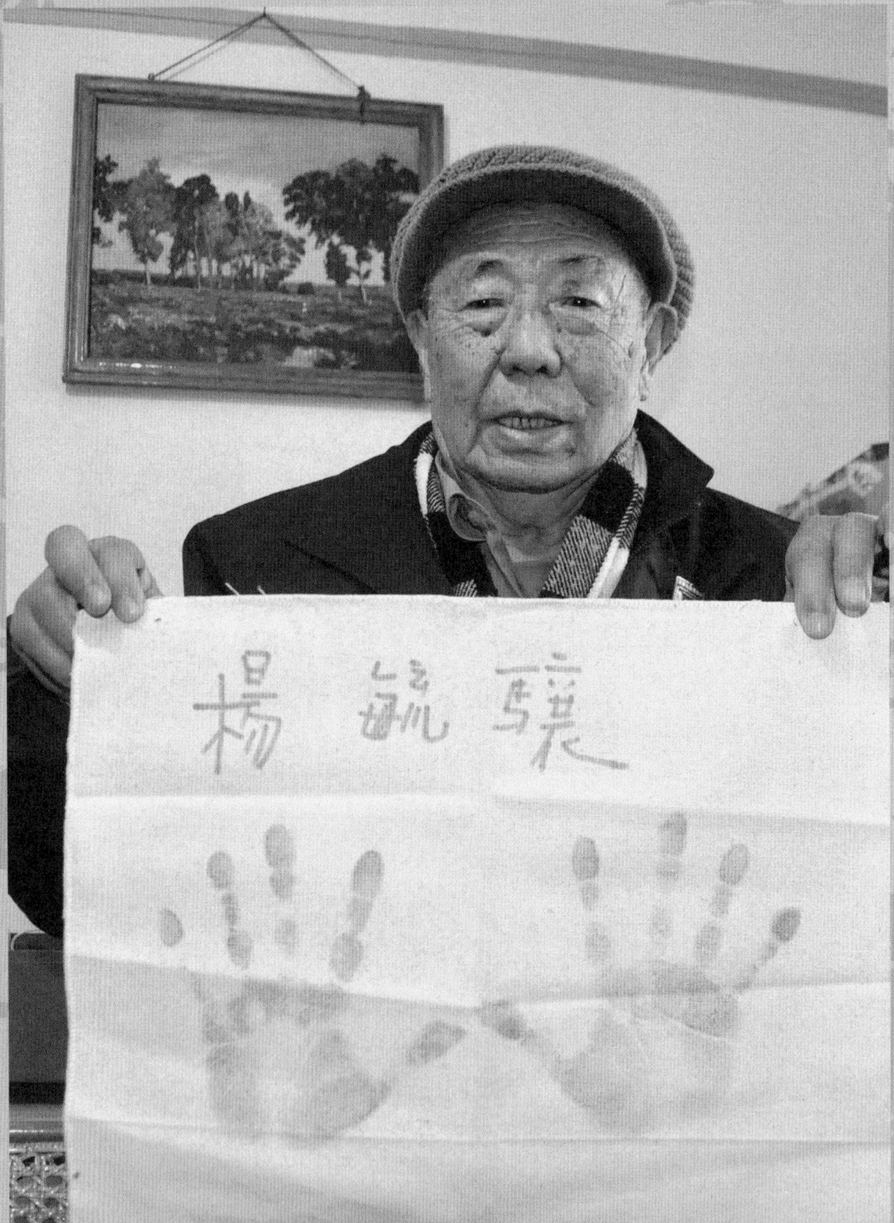
楊毓驤

戴钢盔的小兵

这张照片拍摄于1944年的印度，照片中的年轻人就是杨毓骧，那一年，他18岁。因为这张照片，杨毓骧成为我们追溯中国远征军驻印军历史的代表人物。

杨毓骧出身于施甸县仁和镇的大户人家，但时局动荡，幼小的杨毓骧记住的只是人们在战火中奔逃的场景。

杨毓骧：保山“五四”被炸那天，日本飞机分成两批。第一批9点钟来了27架，炸了以后，11点钟又来一批，两批54架。当天没有警报，老百姓在城里面看到飞机来，以为是飞虎队的飞机起飞，等到抬头一看，炸弹已经从高空下来了，人们才知道是敌机，已经逃不出去了。所以那一天炸死的人相当多，具体人员统计，恐怕有五六千人伤亡。

因家中条件尚好，加之祖父和父亲都是当时的进步知识分子，杨毓骧自幼受到良好的教育。为躲避战火，家里送杨毓骧外出求学。正是这次机缘，他见到了一位令滇西民众敬仰至今的大人物——李根源。

杨毓骧：那个时候他身着一件长袍，胡子很长，很消瘦。那时他从昆明的海源寺带兵到达保山卧佛寺，在那个防空洞里面住下来。我记得他站的地方就在塘边。李根源知道我们是同盟会的后代，还亲自问了我们几句，勉励我们好好到昆明读书，然后他就转回去立即写了几个字，盖了个大章，公函，就交给我们，让他的少校副官亲自开个吉普车把我们送到北庙，公路旁边有军车来把我们送到昆明。

杨毓骧至今都对李根源这位抗日名将由衷地钦佩。他记得李根源说："若保山失陷，我就跳龙王塘！"

杨毓骧：那个时候，保山已经统计出来，因为日本发动的细菌战，到6月份已经死了6万多人。李根源当时召集了3000多人，就是保山当地的保甲长和老师，开了三天大会，然后就写了《告滇西父老书》。一系列工作做下来，才奠定了保山抗战的决心。而且李根源还说，如果保山失陷，他就要跳进卧佛寺前面的龙王塘。就这样，他就鼓足了整个军民镇守保山的决心。保山如果一失陷，昆明不保。

1944年，杨毓骧在昆明考入国立西南中山中学，当时日本人已经进攻到贵阳，整个中国风雨飘摇，形式十分严峻，国民政府正式发出了"一寸山河一寸血，十万青年十万军"的号召。杨毓骧跟同学一起报名参加了青年军，随后又考入了赴印度接受盟军机械化训练的部队。

即将开始的异国征战让年轻的杨毓骧十分兴

奋，他清晰地记得告别祖国的那一天。

杨毓骧：天不亮，大概四点钟，有点星星月亮，我们就走出了大营房，就一直地通过（昆明）北门街。那个北门当时还有个北门门墙，现在拆掉了。走过北门后，一直转、转、转到护国路。我的印象最深，就是护国路当时有个铁门，现在恐怕把它拆掉了。从护国路的铁门出去，两边是民房，二层楼的民房，当时全城人民都是静悄悄的，只有护国路几间民房二楼的楼上，还有几点灯光透出来。那时我心里就想，夜深人静，我们的人民都安睡在甜蜜之中，但是我们都要走了。我就有这样的感觉。然后就走，民航路过去都是田野，我们就一直沿着现在的民航路走到巫家坝机场。进到飞机场里面是一个大广场，是草坪，飞机一排一排停在那里，运输机，就在那里。我们五六点钟到达巫家坝机场，二月间天气也很冷，我们穿着棉衣一排一排整整齐齐坐在草坪上。我们就一直等待着，天色灰蒙蒙的慢慢地转亮，东方那个时候没有高楼，金马碧鸡那个山峰上透出一点白云，然后红色的光线就出来了。哎呀，我就欣赏这个，阳光一出来以后，我们的命令也下了，立即起飞！

那天，杨毓骧在飞机上看到了“铝谷”。

杨毓骧：我就特别（兴奋），跑去抢占了一个窗口，我就坐在（飞机）窗口。飞机起飞了以后，我就看到天亮了，我们这架飞机就一直绕昆明、滇池、城区一圈，我都看到了整个的昆明，静悄悄的在脚下。绕了好像是三圈，特别给我们看看，告别一下整个春城，我看了三圈。然后就往西北方向飞，我又看到底下有一条大江，我想那个一定是澜沧江，结果一会儿又是怒江，过了怒江以后又往北飞，然后就看到前面有深沟了，估计是到了德钦那边，白马雪山，就是经过驼峰航线。我们从飞机上望下来，底下好多亮光，现在几十年以后，我想就是铝谷。他们称作铝谷，就是我们盟军的飞机坠毁在这边，坠毁的飞机的机身和翅膀反照上天空看到的亮光。

我们和杨爷爷的聊天在云南民族大学北院的一栋被风霜雨雪侵蚀多年的旧楼里进行，这里是杨毓骧老人的家。老人多病，长期住在医院里，听说家乡的电视台要来采访，他很高兴，特意从医院赶回家。

我们惊异于老人的记忆力，70年前的异国往事，讲起来仿佛历历在目。

杨毓骧：那个地方叫潘渡（音）。潘渡江水很宽，我们的小火车要搭轮渡。小火车要上轮船了，我们的士兵也一个排一个排地跟着登上了轮渡。我们这些学生军，纪律相当好，大家一声不吭，静悄悄的，一个跟一个的。后来美军联络员立即通过国际媒体说中国远征军纪律严明，消息在盟军当中很快就传开了。

杨毓骧老人清晰地记得：到蓝姆迦那天，天气晴朗，气候温暖。军车把他们拉到蓝姆迦军营，这是1942年孙立人将军带领第一批远征军到达印度后建设的营房。营房里设施完善，甚至还有游泳池。

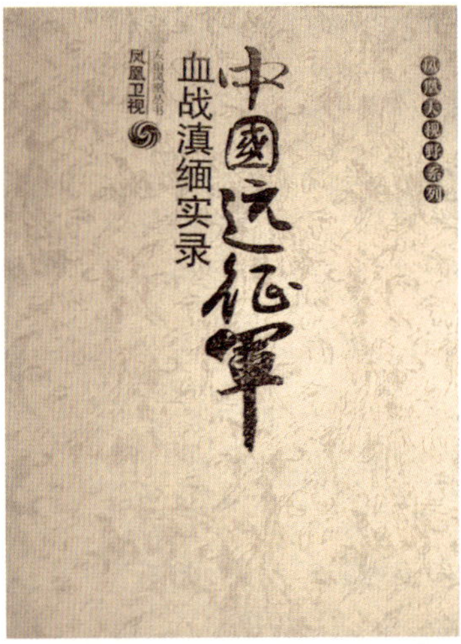

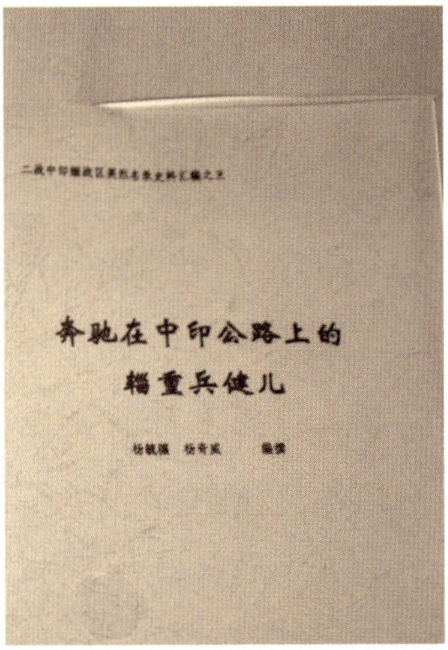

在印度集训时，士兵们吃的是面包和美国的牛肉罐头，还给发香烟，杨毓骧对这样的生活充满了好奇。

杨毓骧：我们刚去时穿的是英国的服装，都是咔叽的，还有毛衣，还有内衣内裤、毛袜、毛绑腿、胶鞋、帽子，全部都有。后来一进去，我们就把昆明穿去的棉衣全部脱下来，在房子外面挖了个大坑坑，大家一去就一个排一个排地把衣服全部脱光了扔进坑里，然后就进去屋子，用喷水壶里的热水洗澡，然后干干净净穿上新毛衣。从这边是光秃秃的人进去，到那边一看，哎呀，全部是崭新的小伙子了，一个一个的，非常整洁。

我们被正式地归为中国驻印军暂编汽车第1团。它不属于新1军、新6军，它是属于总部直属的一个机械化部队。（为什么你会是汽车团？）它是先编入汽车团，以后又改为机械化部队，这是因为要搞装甲车、坦克、炮兵这些，全部都要会开车。驻印军有好多兵种，全部都接受过汽车驾驶训练，然后一编就编入战车团、汽车团这些。

1944年3月开始，杨毓骧和战友们正式开始在中国驻印军驻蓝姆迦汽车驾驶学校接受训练。他们开始学习汽车的发动、结构，早上学习基本原理，下午就进行实驾操作。四个月之后，杨毓骧已经成为一名技术过硬的汽车兵了。

到了1945年7月，杨毓骧随部队奉命从雷多驾驶汽车返回祖国，到达昆明的时候，正赶上日本宣布投降。

杨毓骧：黄昏的时候，突然之间，整个昆明城爆竹震天，然后巫家坝机场就如同我在加尔各答看见的一样，喷出了探照灯，一直往昆明的天空摇动照射。我们跟美国的黑人部队一起回国来，经过车家壁到达西山，沿途呼喊：Victory（胜利）！就是日本投降那天。

在南京办理退伍手续之后，杨毓骧辗转回到云南读书、工作，如今已是一位成绩斐然、著作等身的民族学、人类学学者，那段远征印度的经历，因为各种原因，被深深掩埋了。

杨毓骧：我从来不给我的儿子、亲友讲，一律不讲。因为一讲，在“文化大革命”当中，我们这批人都成了阶级异己分子，讲了更会给亲友子女带来不好的影响，找不到工作、不准参军、不准读大学、不准这样那样……所以一律地不敢讲。我是在1988年1月离休，我就找我们的校党委，我说我的特嫌分子在“文化大革命”后已经否定了，为什么还要戴我一个“还没有发现特嫌活动”？这一句话为什么还要（在档案里）写上去？你帮我拿掉就得了嘛，是不是说我以后还有特务活动？我们单位领导也觉得这样的确太不像话了，就把“还没有发现特嫌活动”这几个字给去掉了。

离休以后，杨毓骧开始收集、整理远征军老兵资料。但每况愈下的身体，让他多数时间只能在医院里疗养，更何况已经87岁高龄的老人，还有多少精力、多少时间去做这些事情呢？

杨毓骧：有几个老兵，我就是动员他们。但是他们不敢来就是不敢来，你叫他们，他们也不来。我请他们的子女说，请他们的父亲、祖父来，他们都叫我不要管这些闲事。他们说：“我们没有参加过，我们也不愿意说。”还有好几个。

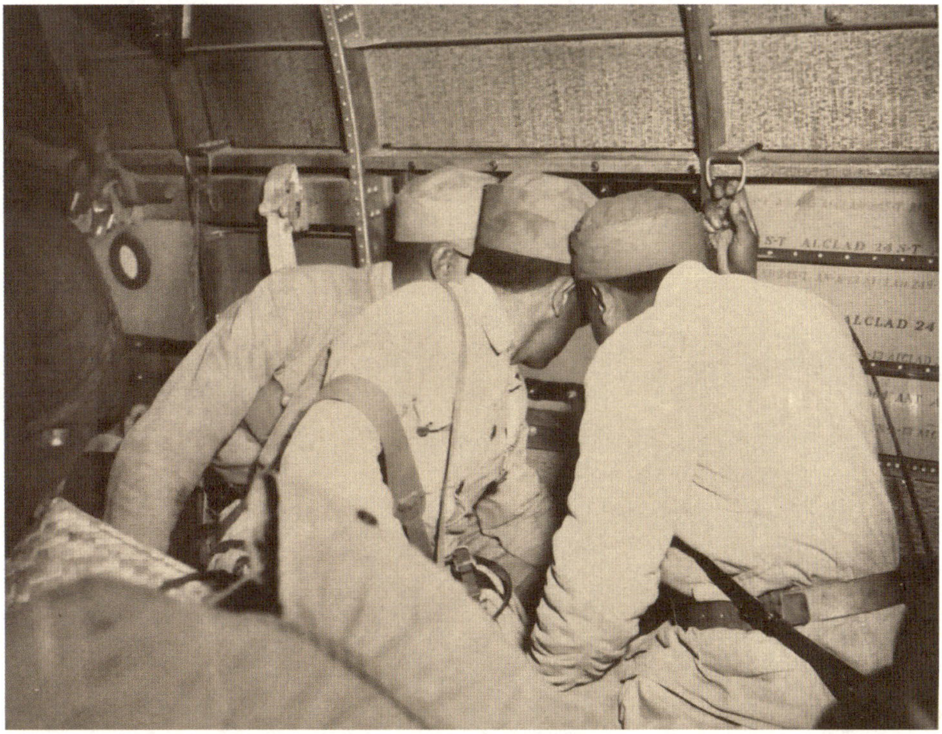

印公路通車典禮
CHINA-BURMA
中國·緬甸
BURMA ROAD
滇緬路
KUNMING
566 MILES
LEDO ROAD
利多路
LEDO
478 MILES

杨 舒

（1925— ），原籍云南嵩明，现居云南省昆明市嵩明县。1941年当兵，属驻印军战车营1营1连，坦克兵。参加过瓦鲁班、孟关等著名战役。

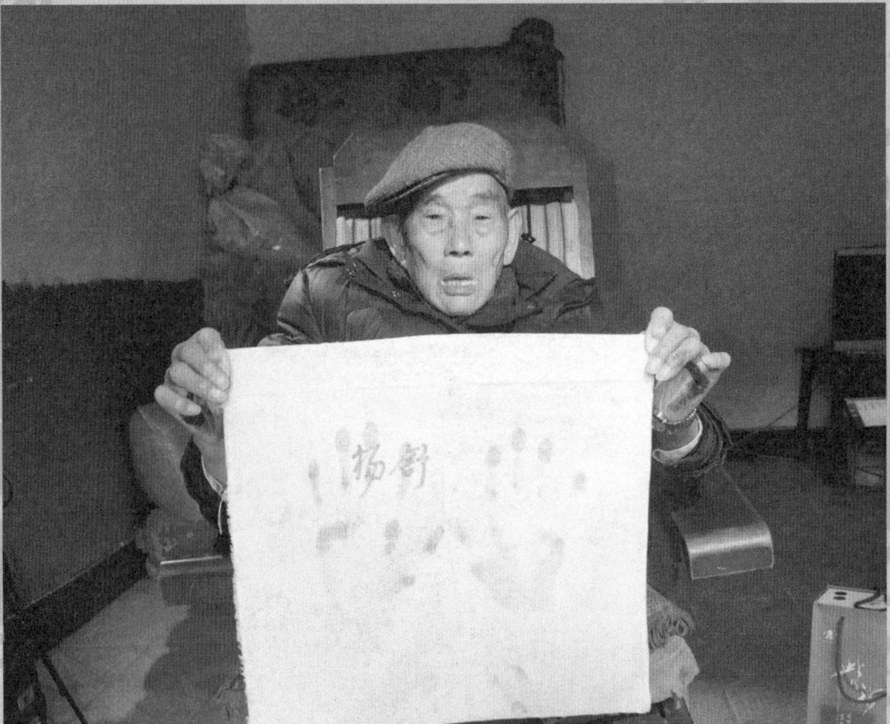
杨舒

开着坦克千里奔杀回国

这是一个坦克兵的故事，而为我们讲述故事的却是一个普普通通的乡村老人。

腊月的嵩明寒意袭人，河墩村的一个普通农家小院里，一位拄着拐杖、面容慈祥的老人正坐在木制轮椅上怡然自得地晒着太阳。谁都看不出，这个隐退于乡野农村的老人，在抗战时期，竟然曾是一名驰骋沙场、骁勇善战的坦克兵！

杨舒老人今年91岁，已经不能站立行走，那曾经掌控着铁甲坦克前进方向的双手，如今已枯萎如冬日里的树干。老人在战争中被炮弹伤了耳朵，但眼神还好，我们把问题写在纸上请他看。他的记忆如此清晰，瞬间就回到了战火纷飞的1941年，那一年，他16岁。

杨舒：在昆明报考黄埔军校，报名很踊跃，名额超过了，但是当时国家就在昆明办了一个志愿大队，跟中央陆军军官学校合拢在一起训练。我们就沾着人家的光了，就在志愿大队学了两年。中央陆军军官学校就在我们志愿大队的隔壁，人家教什么我们都看见，有些科目我们还请人家教我们的人。

说起投笔从戎的经历，老人没有半点居功自傲的神色，反而有点抱歉地一直说，是沾了人家的光。

在昆明志愿大队学习两年后，听说中国远征军驻印部队招兵，杨舒又报了名。1943年10月的一天，年轻的杨舒与同伴一起乘军用运输机飞往印度。那个时代的他们，愿望是朴素而真诚的，在蓝姆迦军事训练基地的生活让杨舒老人至今难忘。对一群习惯了困苦的中国年轻人来说，那里简直就是太高级了。

杨舒：人家那个牛肉罐头煮开掉，太高级了，比我们国家的火腿肠还好！穿的吃的，皮鞋发给你，袜子发给你，在汀江那个时候，还发给你一床棉毯，新

棉毯，多好！还发给两个帆布水袋，你喜欢装冷水就装冷水，你喜欢装开水就装开水，那么坐轮船也好，坐火车也好，坐汽车也好，也就有水吃了。

在印度蓝姆迦军事训练基地，杨舒被编入中国驻印军战车营1营1连3排学习驾驶坦克。在这里，他曾受到蒋纬国的亲自教导。

杨舒：头一天叫你上坦克，教你说，踩油门、扳操纵杆、踩刹车。才第一天，学了个把钟头，像我们在家是个老农民，说排挡，排挡是什么也晓不得，叫你蹬刹车，刹车是什么也晓不得，美国那个助教就叫我开着走走走，走到训练场的边边上，坦克就开翻掉了。本来要受批评，那天是碰着什么情况，蒋纬国来了。结果他说，好好好，今天翻车漂亮。翻车还漂亮嘎？不但不批评，还说翻得漂亮。然后他就召集大家来，他就解释为什么说翻得漂亮。他说，你们现在是在学习的地方，没有日本人，坦克翻了又扶起来就行了。他说，如果你们不学好，你开着到战场上去，你一翻车，还得了？把老命都翻到日本人手里去了。他说，通过这一次翻车，你们都亲眼看见是怎么解决困难的，然后你们要吸取教训，以后你们的车就开得好了。

1943年12月，中缅印战区总司令史迪威将军率10万中国驻印军向缅甸境内日军发起大反攻。杨舒开着坦克随同驻印部队朝着国内千里奔杀回来，几乎参加了所有的著名战役。

新平洋：中国远征军大反攻的序幕之战

杨舒：顺着河边边上走，刚刚翻过河边的小埂子，翻到河埂头，下去的时候坦克止不住，我们的坦克就滚到大河里。日本人看见我们的坦克翻下水去了，同时又看见我们的排长钻出来，就把他打死了。这一家伙呢，在河对面树丛里隐蔽着的那些人高兴了，隐蔽着的人都跑出来看。哦哟，我的天！正在我们的射界里。这一家伙，就在河边上，我们又是两挺机枪，又是这个炮，乒乒乓乓、乒乒乓乓，日本人在那个时候他躲处都没有，所以那一家伙，我们是打死了几百个都晓不得。

瓦鲁班之战：电话里听到战友最后的呼救

杨舒：那些日本人都抱着柴火、抱着草，往我们车子上丢。我们的坦克本身是烧汽油，他们丢柴火在上面，一引火我们的坦克就烧掉了。但是我们那个坦克很科学，有机动炮塔，一转，连人连柴火被扔出去多远，没有烧成。没烧成么他们接着还要来烧呢，然后我们的这张坦克就请求救援，他们就在里面拿无线电话请求连长赶快派其他车子来营救。用无线电话打来，我在连长旁边也听着，我听着连长都要哭了，就说你们先支持到天亮，我们再来援助你们。这样子，发请求的那两个车子就没有希望了。

孟关大捷：缴获日军关防大印

杨舒：日本人已经跑掉了。他们的留声机，他们的关防大印，都没有拿走，太慌忙了！他还有几个在后逃窜，我们第一排跟第二排追着打，噼里啪啦地打。我们把他的关防大印抬着来，放在车子上，把留声机也拿来，两样东西都放在缴获的日本人的车子上，就开着回来了。大家一看都喜欢了，日本人的十八师团司令部都被挑掉了，老本赔掉了，它的关防大印都被我们拉回来了。最后庆祝孟关胜利的时候，孙立人是亲自参加呢。

血战八莫：铁甲坦克PK三角沟

杨舒：日本人在那里守得相当坚固，我们已经是打了一两个月，人员伤亡相当大。日本人他们算着，凡是我们坦克去得到的地方，他们都挖三角沟。三角沟是V字形，宽度超过我们坦克的长度，我们的坦克就过不去了。我们也想了个办法，把坦克退回来，干脆把这个炮口，指着他的三角沟打。哦，这一家伙奏效了，用这个穿甲弹几家伙就把那个三角沟打平掉了，很多车子就过得去了，我们的大坦克也上得去了。配合着开山机，一起把八莫那个阵地推平掉了。

虽然时隔半个多世纪，但当年大反攻的豪情还深深印刻在杨舒老人的心里。每一天、每一个场景老人都讲得神采飞扬，还不时辅以动作，仿佛又回到了昔日的沙场。

1945年10月，杨舒老人回到祖国，回到嵩明县河墩村，一切又回到了原本的模样。岁月的沧桑已将他的英勇洗刷，时间的年轮已将他的锋芒褪去，他像一个退隐江湖的英雄，寄情于田园风光之中。只有这辆老人亲手改装的木质轮椅，还在不经意中提醒着：他，曾是一名远征异国、操持过最精锐武器的坦克兵。

杨舒老人说，他此生最大的遗憾，不是没有成名成将，是到了印度却没有参观过唐僧取经的遗迹。

杨舒：我很遗憾，我们抗战回来的时候，我们的乡亲来问我：“你去到印度，格去到唐僧取经的地方？”“啊，抱歉！”我说，“抱歉！我的坦克，开着从唐僧取经的地方过，人家当官的得进去看，我们不得进去看。”这个事情伤心了，我到现在最遗憾的就是这件事情。去到印度，往唐僧取经门前走，都不准我们进去看。

蔡林森

（1921— ），原籍上海，现居云南省保山市隆阳区锦溪路农机厂宿舍。曾参与滇缅公路建设及汽车修理，后赴印度蓝姆迦当汽车修理兵。

蔡林森

上海，我回来了

远征军老兵蔡林森的回乡之路只用了短短三个半小时。2010年底，在志愿者的帮助下，蔡爷爷乘飞机回到了老家上海，这是他平生第二次乘飞机。

这一次，他还见到了自己的二弟和三弟。

蔡林森：（还看得清吗？）看得清呢，看得清。（好，给你看看这个。）这个就是我，在上海照的。（这个是谁？）老三。（是你弟弟还是你哥哥？）弟弟。（今年是多大年纪？）他小我9岁。（你多少年没见过他？）哦，好多年了。我从家乡出来时间长了，有七十多年了，七十二三年。我1940年离开的，就是抗日战争修这条滇缅路过来的。（现在就算走在路上，兄弟也不认识了？）不认识了。还谢谢这个志愿者帮我找到，他们现在在浙江。叫我自己找也没办法找。（你那个厂子还在不在了？）华生，还在呢，华生电器厂，还在。原来的人都不在了。（你们家那个巷子还在不在了？老家的那个巷子、弄堂，还在不在了？）还在呢！那个地方还没有动呢，就在长山路，都没有动。我们家是迁移掉了，好几年了。（那个老房子里还有没有你们家的人在住？）现在就是侄儿子，还有我老二。老二去年不在了，将将（刚刚）九十岁，我们弟兄三个。（这个弄堂里有没有变化？）弄堂里面还是老样子。（走回去还认识吗？还认识那个地方吗？）认不得（路），到了这个地点么有印象呢。

蔡林森老人来自上海虹口区，当年这里是中国工业最发达的地区。蔡林森当年在工厂里已经当完学徒，算是技术工人，本来应该有一个不错的生活，而这时，战争爆发了。

当时交通部到上海秘密招工，20岁出头的蔡林森就报了名，他和几个工友一起乘遍了轮船、货车、客车、火车，历尽艰辛来到了滇缅公路上。

蔡林森：我们那个时候的车子载重量最大的也不过两吨半，（来源）复杂得很，有英国的有法

国的，各式各样的车子都有。但是零件没有，坏一个零件就摆着一辆车子，动不起来了，开不动了。有烧汽油的，有烧柴油的，五花八门，就是这样。我们就是要把它们都修好。物资没有来路啊，完全要靠缅甸仰光那边进来。（那个时候你们修车子是不是特别忙？）要修的车子、等待修的车子特别多，而且那个时候，（修理）人员特别少。后来第二年好转了，路也宽了一点，有的地方可以两部车子来回了。要不原来是我过来这段路以后，再打电话给你，你再过去，否则在路上就走不通。当时那个华侨领袖陈嘉庚，我还记得，他动员了一批南洋华侨、机工，就是开车的和修理工，来了有大概一两千人，在我的印象上了嘛，连自己的车子都带来了，都是青年人，棒得很！都是小伙子！我们是滇缅公路运输管理局，他们属于西南运输处，属于军事委员会的，我们经常在一起交流，都要走这条路，主要的两个大单位。他们有的是新加坡来的、马来西亚来的，有的是印度尼西亚来的，这样子我们都熟悉了、认识了、融合了。可是在这条路上运输，人可以休息，车子不能休息的，你休息，第二个人上去再接着开！强运啊，那时我们抗战的物资完全靠这条路啊。

像冬天，外面还下着霜，穿着衣服还是冷啊。那些妇女，小脚妇女，背着个娃娃去敲石头。那个时候没有什么机械化，什么叫机械化，我们听也没有听到过。看这个大山，这条路过不去，怎么办？打洞，咚咚咚，打好了，把炸药统统放进去，两头堵起，人统统疏散掉，呼呼呼——炸开！完全靠人工啊。年轻的人都支援前方去了，留下来的都是老人和小孩子。十多岁的娃娃，十一二岁的，手冻了紫红的，还是敲石头啊，白天晚上这样子搞，为了修这条路啊！所以，我们修过滇缅公路的人，当时在那里在过的人，对这条路是很有感情的。

当时，中国没有汽油，没有工业。因此，所有的物资都是无比的宝贵。

蔡林森：当时提出来的，“一点汽油一点血，一颗螺丝钉一块肉”，就这么重要啊！汽油一点都不能给它浪费掉，它把抗战的物资运来这条路上。

滇西沦陷后，路断了。蔡林森也回到了昆明。当征兵动员令发出，“十万青年十万军”，老人说，当时的选择就是两个字：抗日。

这一次，蔡林森他们到了印度蓝姆迦，这也是蔡林森平生第一次乘坐飞机。

蔡林森：坐飞机，差不多100个人有90个人都晕在飞机上了。从山的缝隙里面过去，一降一上的话起码两三千米，砰一下降下来好像心都掉下来。在飞机上面坐的人都拉着扶手，吐的吐，我倒是没有吐，怪了！我拉着两边的栏杆的两个环，讲话也讲不了，脸色自己也晓得已经有点变了，牙齿也是咬紧的，但就没有吐啊。飞机上的美国人保卫员把舱门打开看看，还把大拇指翘翘，说“Good！Good！”

在印度蓝姆迦，蔡林森被编入著名的独立炮五团，正式成为一名远征军士兵。

蔡林森：我跟你讲，穿袜子要穿两层，这么小

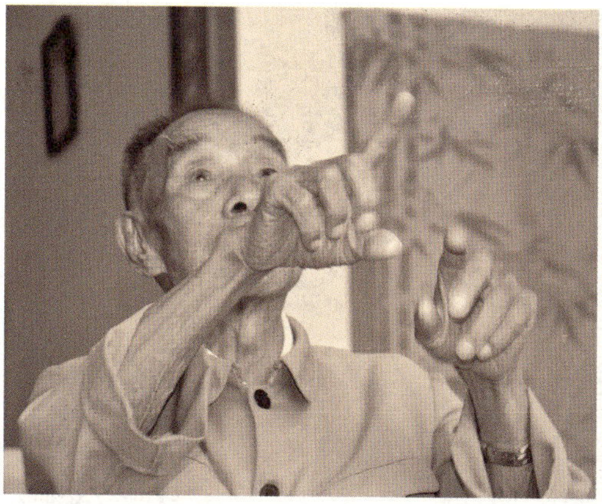

一个（蚂蟥），逮一个出来，比这个（手指头）还粗。穿的汗衫、衬衣，白的都变红掉，那些虫子、蚂蟥厉害了。它主要是繁殖得快。你坐在这个地方我们两个聊天，只要五分钟，你这个身上的蚂蟥少说也要500条以上，这是你不知不觉的，等到你发现了，已经不得了，都是红的了，这个裤子什么都是红的，连屁股都是红的。它吃一半吐一半，它粘着，你一拉扯就像橡皮筋一样，这么长，一放手又吸住了。你在哪里，它闻到这个气味就来。不光是我们这样，外国人还不都是这样子，修这条路的是工兵，他们是当官的。那边太热了，洗了澡，新汗衫刚刚穿上去，不到五分钟，又红掉了，就是蚂蟥又把他的血吸掉了，到处都是，蚂蟥好多。（你腿上这个印子都是吗？）这个印子后来才发现，以前还没有发现。这个蚊子也还是厉害。（有没有人因为这些蚊虫、蚂蟥就死掉了？）这种是多数呢，普遍得很啊。在那边，老鼠啊什么到处都有，到了没有办法的时候拿枪打，拿枪打老鼠，说它是Japanese，把老鼠当成日本人来打。

在盟国的支援下，蓝姆迦物资的丰富，是中国人从来没有见过的。甚至后来回国的时候，长官要求，每个人，包括做饭的，都要开一张车回来。老人说好像到了天堂，但是不喜欢。

蔡林森：到了天堂不喜欢啊，不习惯啊！因为他们的生活各方面，吃的啊，不习惯啊。还好，我们的炊事班还保持得好好的，你们的东西，面包什么的退回去，不要！当官的给它拒绝掉了。怎么办呢？面粉、麦面，麦子的面，自己做馒头吃，唉，喜欢了！生活逐渐逐渐好了，附带一点罐头啊，其他的菜呀各个方面。（那个罐头是美国罐头，还是英国罐头？）都是英国罐头。（完全不好吃吗？）不怎么好吃。那个什么牛肉罐头，你起初吃还是好呢，到后来你就厌烦了，不要吃，宁可买印度老百姓种的这个南瓜、鸡蛋啊。中国人自己出钱跟他买。

抗战胜利后，蔡林森回到祖国。此时，他已离开部队，想回家却没有路费，就在路边开了个小小的修理铺子。1952年，保山机械厂成立，老人进厂当了一名工人并在此结识了现在的老伴，从此岁月静好，一瞬间就过去了大半生。

平时，蔡林森最大的爱好就是做做老上海的本帮菜。

蔡林森：一般她吃辣的么加辣味，或者加酸味，我呢喜欢吃甜的呢加糖。不管烧肉啊煮鱼啊加点糖，都是她做她的，我做我的。

半生的岁月，蔡林森无数次地想回老家，可是微薄的工资支撑保山的小家庭已经很困难，更无力承担往返上海老家的庞大路费开销。

2010年底，在志愿者的帮助下，蔡林森终于回到了上海老家。这一年，他93岁，当年离开上海时意气风发的青年，如今已是步履蹒跚的垂暮老人。

蔡林森：上海电视台去了几个车把我接着去，就在老家旁边叫了几个家乡菜。我爱吃点肉，就叫了东坡肉，好久没有听到这个名字了，东坡肉。本来我是吃半碗饭，那天吃一碗饭还不够，结果这碗东坡肉吃完，还要再来一个，他们看我吃看了都笑。太高兴了，那一天到晚在家乡。

颜嘉铭

（1925— ），原籍云南元谋，现居云南省昆明市佳华里小区。1943年当兵，属驻印军暂编汽车第1团，汽车兵。

团长简立的团歌

颜嘉铭是众多主动与我们联系的老兵之一。我们的到来让老人十分激动，他一迭声地说："我一直坚信抗日是没有错的，历史会还我们一个公道！"颜嘉铭今年已经88岁高龄，但忆及儿时所学的抗日歌曲，还能张口即来。

颜嘉铭：这是我小时候在老家元谋县城附近的官庄小学上学时，一名叫吴春明（音）的老师教唱的："向前走，别退后，生死已到最后关头。同胞被屠杀土地被抢占，我们再也不能忍受，我们再也不能忍受。亡国的条件我们决不能接受，中国的土地我们一寸也不能失守。向前走，别退后，牺牲已到最后关头，牺牲已到最后关头。同胞们，向前走，别退后，用我们的血和肉，去拼掉敌人的头，牺牲已到最后关头，牺牲已到最后关头。"

在抗日歌曲的熏陶和爱国之心的鼓舞下，18岁的颜嘉铭从元谋中学毕业后，响应当时国民政府发出的"一寸河山一寸血，十万青年十万军"的号召，告别父老乡亲，与另外十几个青年结伴步行了5天，前往昆明北教场投军。经过两次选拔考试，颜嘉铭被正式录入驻印军。当知道自己即将远去异国、生死难料，这个从没有乘坐过飞机的农村青年还来不及兴奋就开始难过了。

颜嘉铭：我就想起我临走的时候，没有给妈妈磕个头。唉哟！心头想到这个，就难过起来。本来想磕个头，拜别妈妈，结果慌慌忙忙，随着队伍就离开了。所以妈妈送我的那种情景，还一想起来就感到……今后不知死活，连给妈妈磕个头都没有磕，就感到难过起来了。

1944年冬，颜嘉铭到达了蓝姆迦训练基地。在这里，他被编入中国驻印军暂编汽车第1团，接受了美军提供的汽车驾驶训练。最让颜嘉铭骄傲的是暂汽1团团长简立所写的一首团歌。

颜嘉铭：人家别的部队是军一级才有军歌，我们是一个团就有团歌。团歌我还记得：男儿快意着先鞭，投笔从戎志最坚，出国远征何壮伟，飞越喜马拉雅山之巅。铁轮电掣机械化，利兵坚甲勇向前，浪涛翻热血，勋业著青年。气盛吞三岛，雷辙震九天。祖国复兴，世界和平，唯我中华儿女，重任寄吾肩。

时隔68年，颜嘉铭老人仍然由衷赞叹：写得真好啊，把我们的爱国心都写进去了！在颜嘉铭老人的记忆里，遥远的印度是个奇异的国家。这里有鼻尖垂吊着装饰品的印度女人，有味道怪怪的咖喱饭。更难忘记的是，印度那无处躲藏的炎热，还有可怕的巨蟒。据说，有个哨兵夜间失踪，最后在巨蟒腹中只找到了钢盔。颜嘉铭在这里曾染上副伤寒，几乎丢了性命。

颜嘉铭：那个大森林里面，蚂蟥、毒虫，叮着以后会得伤寒。我就是得的伤寒病，副伤寒，我发病时怎么进到医院去，我也不知道，已经是昏迷了，后来听说是副伤寒。所以，这次几乎要死没有死掉，算捡了一条命。

在印度受训半年多后，抗战形势彻底扭转。1945年7月，颜嘉铭和战友们奉命驾驶着盟军支援的上千辆汽车一路高唱战歌沿着中印公路回国。到达昆明不久，日本宣布无条件投降。眼看着从军目标已经实现，颜嘉铭选择了复学，考入国立西南中山高级工业职业学校。他终于又见到了久别的母亲。

颜嘉铭：回去看看老妈妈了。但是她焦心这个

儿子，眼睛都已经愁瞎掉了。她只晓得儿子在很远的地方，她也不知道印度在多远的地方，在什么位置。

因为这段从军驻印的经历，1958年，抗战胜利后又参加边纵的颜嘉铭到边疆河口垦荒、种橡胶。而后又先后被分配到农垦局、人民银行、工商银行。如今已经退休在家的他仍会常常回想起过去的时光，他曾为自己写下诗句：两度从戎两遭贬，不死幸逢“十一·三”。坦然无悔心太平，何必愁眉哭晚年。

颜老告诉我们，在那些坎坷和委屈背后，一直有个信念在支撑着他：抗日不是污点，历史会还一个公道！

兄弟

他们同挤一个战壕，他们共分一块干粮，他们在枪林弹雨中同生共死，他们在死神的目光里彼此依靠。“谁今日与我共同浴血，他就是我的兄弟。”他们是战友，他们更是兄弟。

于是当战争结束，幸存下来的他们或互相挂念，或信守诺言，或千方百计探寻着彼此的下落，念及兄弟，老泪纵横……这是血与火中结成的情谊，也是那段舍生取义、共御外侮的往事所留下的无法抹去的印记。

姜自政

（1921—2013），原籍河南新乡，生前居住在云南省保山市昌宁县湾甸乡。1937年当兵，属11集团军第71军87师259团2营6连1排，步兵。参加过松山战役。

一封台湾来信

湾甸乡是一个以傣族为主的少数民族聚居乡，傣语名字叫作“勐雅”。姜自政家住在湾甸监狱的家属院内。房子建得类似于现在的连排别墅，只是年代有些久远。

他家门前种了一棵柚子树，亭亭如盖的树冠四散开来，缀满了绿油油、圆滚滚的果实。

姜自政说话时总爱咧开嘴大笑，因为摔伤导致了左股骨颈骨折，现在只能靠双拐行动。闲暇时他就坐在院里的竹椅上打发时光，小孙女知道爷爷走动不方便，总会到他跟前腻歪。

老伴前些年已经去世，有6个子女，5男1女，其中两个儿子车祸去世，儿女都很孝顺。

姜自政保存着一封信，一封25年前他的战友——河南籍台湾老兵丁英侯从台湾给他寄来的信。他悉心保存着，信封和信纸连折痕都没有。信

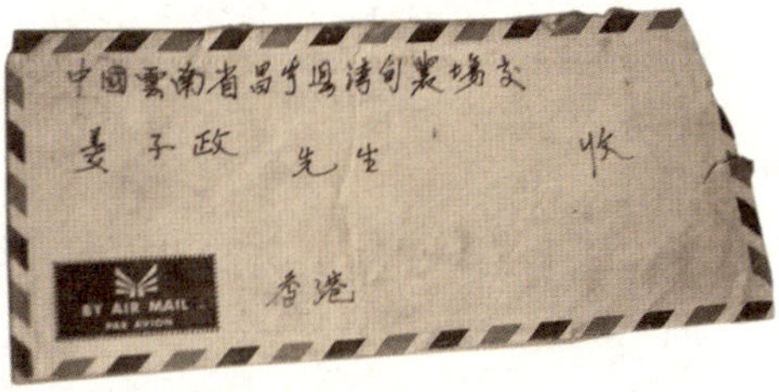

新生活 NEW LIFE　保山日报　人物

E-mail:bsshsb@163.com　2012年6月30日　本版责编：蒋　云　B7

一封二十五年前台湾老兵的来信

"我们兄弟离别了四十多年未能见面，甚念。当时离开保山是奉令随部队到昆明，1959年我又到越南，然后又到台湾。"这是一封25年前从台湾寄给昌宁县湾甸农场姜子政老人的信的内容。

记者近日偶然得知这一情况后，赶到湾甸傣族乡姜子政家见到这封来自宝岛台湾的信。虽然已经封隔25年，但由于姜子政老人保存的好，信纸还像新的一样，蓝珠笔字迹象是昨日写上去的一般。原来，这是河南籍台湾老兵丁英侯于1987年写给姜子政的信。丁英侯与姜子政是河南老乡，70年前参军随部队辗转到保山，参加了松山战役等十几场战役。1945年，丁英侯随部队到昆明，姜子政留住保山，从此兄弟俩再无联系。直到1987年，姜子政收到这封信，才知道丁英侯去了台湾。据姜子政老人回忆，当时收到这封信时，心情非常激动，想不到丁英侯还活着，而且已经成家。激动之余，老人把这封珍贵的来信珍藏在书桌的最底层。

一封信揭开老人远征军身份

信中这样写到：不知兄有没有回河南家里看看或者还留住杨邑街（今隆阳区西邑乡羊邑街），我们那么多的同乡和兄弟们是否还在保山？原来，今年93岁高龄的姜子政老人，75前年是中国远征军的一名上等兵，河南省新乡市长垣县人，随部队到云南作战，参加了松山战役等滇西大反攻。战争结束后没有回河南老家，就在保山成家留下了。

老人记忆力很好，说起人伍经历，他所在部队的长官从军长到排长都记得清清楚楚。1937年"卢沟桥事变"后，河南开封被日军轰炸，所有人四处逃命，跑不动的老人小孩被杀害，姜子政亲眼看见爷爷被日军用刺刀杀害，父亲被日本人抓去做劳工，生死不明。在开封逃难时，姜子政遇到了国民党远征军第11集团军71军87师的部队，于是加入了抗日的部队，被编入国民党远征军第11集团军（军长宋希濂）第71军87师259团2营6连一排。同年7月，部队到南阳训练一年，后又到西安临潼整训，半年后回到宝鸡。1939年初至1940年底在重庆市铜梁县泰安镇整训一年，1940年冬天随部队到云南曲靖，驻扎在部队大营房。1941年初到昆明黑林铺整训待命。姜子政说："那时，每名士兵负重10公斤以上，装备4枚手榴弹、一支79式步枪，100发子弹，一把铁锹，一张毛毯，4公斤粮食，每天行军不少于60公里。先前部队提前找好驻扎地点，遇到寨子就到老百姓家扎营，有寨子就到老百姓家扎营，朝下的露营"。

1942年5月7日，部队开拔到保山，强渡怒江后进入龙陵作战。1945年8月15日，日本宣布无条件投降。8月底，部队回到保山，姜子政没有随部队回北方，而是留在了今隆阳区西邑乡羊邑街子，在汉庄、辛街、羊邑一带靠赶马运送盐巴、川烟等小生意养家糊口。1987年，姜子政在湾甸退休，每月有1700元工资。退休后，至今生活在湾甸。

眼前的姜子政头发花白，装着假牙，行动靠拐杖，老伴5年前过世后，姜子政一直与小儿子、小女儿在湾甸生活。

峥嵘岁月往事历历在目

70年前的每一场战役，对于姜子政来说，仿佛都是发生在昨天的事情，对每场战役的细节都记得清清楚楚。背负着国仇家恨的姜子政，在每一场战役中都卯足了劲儿，今天的他，在回忆起这一切时，仍然忍不住内心的激动。

◆**强渡怒江**　1942年5月12日，部队从打黑渡强过怒江，到镇安、龙陵、象达、南天门、黄草坝、周家寨、大坝、锅底塘、文笔塔一带对日军开展游击战。"强渡怒江的头一晚，我们从保山出发，一晚就到了打黑渡，12号早上开始强渡怒江。渡江是在美国水兵带领下进行的，因为我们北方人几乎不会游泳，每个人系一个类似救生圈的橡皮圈自己划过去。我们连队200人先渡，其中有一人因不熟悉水性被江水冲走了。后面的队伍渡江的时候，就用竹子和油桶捆绑起，做成大竹筏渡江，每次可以渡两、三百人不等，当时，汽车也开到竹筏上渡过了打黑渡。"姜子政说。

◆**游击战**　部队过了怒江后在龙陵县象达、县城、松山一带与日军开展游击战。姜子政说："连队过江后到象达，在奔庙（地名）与日军首次交火，部队在排长的指挥下以班为单位利用各自有利地形与日军的一个中队展开了游击战，这是到保山首次与日军交火，双方持续了3个多小时。后来又到龙陵的锅底塘、文笔塔与日军交火，这次交火，日军在暗处，我们在明处，日军早把重机枪架到塔里面，日军有60人左右，这一仗我方在不明情况下牺牲50多人，交火持续了4个多小时。在前后两次交火中远征军伤亡过半，于是向上级申请补兵，充实连队编制。后来，我们连队一直在黄草坝、月亮田、周家寨、大坝、松山等一带展开大小游击战。"

◆**松山战役**　1945年初，部队接到滇西大反攻命令攻打松山，先后攻打长岭岗、滚龙坡、子高地等日军阵地。"3月份攻打松山长岭岗，连队伤亡100多人，又补兵，整训一个多月后又攻打滚龙坡，连队伤亡80多人，连长安振海（黄埔军校四期军官）、营长范朝义都阵亡了……最后攻打子高地，战友们都抱着你死我活的心态，不分白天黑夜攻打松山主峰。日本人的炮弹飞在天上嗡嗡响，象飞机轰炸一样。松山打下后，我们全连200多人最后仅剩下8人……"说到这里，老人声音很低，又很重。姜子政还记得另外7人分别是：关天良、潘树亭、张科翔、周绍初、侯某、张某和文某。

◆**一个人干掉2个日本兵**

说起自己一个人赤手空拳干掉2个日本兵的经历，老人马上松开扶着椅子的双手，挥着拳头讲述当时发生的情景："那天黄昏时，我在子高地遇到两名日本巡逻士兵，可能是刚调来的新兵，没什么经验。我还没等他问完话，上去就两手把他们的枪口向下按，子弹打到了地面，然后迅速跳起把他们踢倒，拔出插在绑腿上的钢刀分别向他们胸口刺下。由于势单力薄，我的左小腿也被日本兵刺中了一刀。"

……

军陆战队上尉连长，1962年退役并成家，有两男一女。信中写到：现在政府开放去大陆探亲和通信，我这时才写信给您，但不知您是否能收到此信，若是能收到，请急回信给我并把目前家况告知我，我回大陆探亲时，也好就此去看你们。

后来，因为各方原因，姜子政和丁英侯相互写了两封信后，又断了音讯，说起这位同乡兼兄弟，姜子政满是眷恋："也不知道他近来怎么样了，还在世不？妻儿怎么样了？"可惜，这一切都无从知晓。丁英侯是否在世？最终能否回乡探亲，我们无从得知。在后续报道里，我们将持续关注。

后记

姜子政从未被报道、被关注，已到耄耋之年的他，还是静心的住在农场分配的简易房里，老人吃了很多苦，但他不抱怨，总是说"比原来好"。现在的姜子政，尽管行动不便，但仍然坚持每天拄着拐杖出门走两圈，有时还会把门口的杂草清理干净，用沙子铺好路，方便过往的行人。在记者采访的时候，他没有一句怨言，相反，他说得最多的一句话是："和那些牺牲在战场上的战友比起来，我已经很幸福了，现在政策好了，不用担心说错话而负责任，我最高兴的事儿不是能接受采访和慰问，而是有话能说。"这个曾经打了8年抗战的老兵，用他的坚韧和淡然对抗世事纷扰，问起老人还有什么困难，老人摆摆手，说："现在很好，这么多年都领着工资过日子，能活到今天，还真要感共产党的恩。"

"老兵永不死，只是渐凋零。"这句话是美国将军麦克阿瑟说的……民主复兴而……

年轻时候的姜子政英俊帅气

声明作废

兄嫂和侄男女，您们好，

三月卅日我又写了一封信给兄嫂，内有二张照片，四月三日下午五时接到兄嫂寄来第二次信，内有一张兄嫂俩人的合照，弟看到兄嫂身体那麼健康弟也就放心了，再者知到兄嫂目前的生活也比以前要好得多了，弟非常欣慰，子政兄嫂弟当初離開保山時，咱們那些同鄉和朋友們，送弟上車每一人都哭得眼鏡紅紅的，我們兄弟……深厚的感情，弟在昆明時……都未能程（行）因為昆明到保……不久昆明就解放了，而……太太現在昆明市，我在越……命我去海軍陸戰隊上尉……

的开头这样写着："我们兄弟离别了四十多年未能见面，不知兄嫂目前情况如何，甚念。不知兄有没有回河南家里看看，或者还留住羊邑街？我们那么多的同乡和兄弟们是否还留在保山……当时我奉命随部队离开保山到昆明，1959年我又到越南，然后又到台湾……"

姜自政是河南人，17岁便离家讨生活，七七事变后，日本人轰炸河南开封，此时正在当地做小工的他便四处逃难。途中他遇到一支部队，领头的长官对四处乱窜的他说："小鬼，快跑，日本人抓到了会杀你。"

后来，姜自政加入了这支部队，一路辗转，于1942年来到保山龙陵，参加了举世闻名的松山战役。这支部队是71军87师259团，姜自政在2营6连，是一名普通的步兵。

丁英侯与姜自政同在一个营，因为都是河南人，所以要格外亲厚些。姜自政说当时丁英侯因为生得白净，大家都叫他小白脸。

姜自政很健谈，有着北方人爽朗的性情，在军旅生涯中他最引以为傲的就是曾手刃两名日本兵。那是在松山子高地的一个黄昏，独自一人的姜自政遇到了两名巡逻的日本兵。

姜自政：他两个（日本人）从下面上来，我在一棵树后面。两个小日本问我："什么人？"我说："中国人。"他们说缴枪不杀，我也说缴枪不杀，接着我就动手了。我把他两个一扭，从绑腿上拔出刀，嚓、嚓两刀，就是这样子。

姜自政说当时根本不知道害怕，只想尽快把对方撂倒。而那两个日本兵貌似也是新兵，没什么经验，都是二十来岁的小伙子，生得白白净净的。

姜自政绑腿上的小尖刀用他们的家乡话叫作“楠子”。他说北方男孩自小就爱玩这种小尖刀，小时的玩物没想到这时却派上了大用场。他说部队发的是刺刀，刺刀不快（锋利），他就爱用“楠子”。

姜自政会向每个来访的人“传授”战场逃生的经验。他说“新兵怕炮，老兵怕枪”，飞机、炮弹可以躲，炮弹、炸弹是向上炸开的，趴下去就炸不着，但是机枪子弹会追着人跑，因为敌人用望远镜看得着。战斗中保护自己的关键是地形要找得好，伪装也要做得好，要用树枝把自己掩藏起来，只露两只眼睛。

松山反攻成功后，姜自政所在的部队向北开拔。丁英侯随部队到昆明，后来到了台湾，而姜自政则留在了今隆阳区西邑乡羊邑街子，靠赶马运送盐巴、川烟等小生意养家糊口，从此与丁英侯中断了联系。以后又举家搬到湾甸农场生活至今。

直到1978年，姜自政收到这封辗转从香港寄来的信，才知道丁英侯去了台湾。收到这封信，姜自政心情非常激动，想不到丁英侯还活着。当时，由于种种原因，姜自政没有把这件事告诉别人，只是悄悄给丁英侯回了信并附上了自己的家庭照片，他把这封珍贵的来信珍藏在书桌的最底层。后来，两人又往来过几次信件，当时，两岸尚未正式通邮，

所有信件需经香港转寄。信中丁英侯多次提过想回老家、回大陆看看，希望能与曾经的战友见面相聚，可惜因为种种原因，始终未能成行。1989年，丁英侯又写过一封信来，此后再无音信。

姜自政得知我们的寻访摄制组可能会到台湾去，他郑重地请求我们帮他找到战友丁英侯，并带去这样几句话："兄弟你好吗？现在好好的吧？我现在已经92了，你91了，身体好吗？想不想来我这里玩几天？我倒想去看你，但我是个残废人，我动不了。我要动得了，我也想去台湾看看你。人活得一年算一年，活得两年算两年，见面一回算一回……"

我们将他的话录了下来。

就在2012年末，摄制组还没踏上台湾的寻访之路，却传来姜自政去世的消息……

李国义

（1928— ），原籍云南昌宁，现居云南省保山市昌宁县田园镇九甲村马场村民小组。属71军28师工兵团第3营，信号兵。参加过松山战役。

我的山东老班长

李国义住在小儿子盖的新房里，光洁的地板上，他只穿着袜子。

李国义很爱笑，是那种咯咯笑出声儿来的笑，一笑就会露出两颗仅存的门牙，像个孩子一般，亲切又可爱。

李国义是工兵，平时身上只背着信号枪和铁锹，打松山前才给他发了枪。

李国义说前线的日本兵过得也苦，都是胡子拉碴的。

战争细节他回忆得很零散，但他说得最多的是他的老班长。

参军时李国义只有15岁，第一次上战场很害怕，老班长就教他如何保护自己，如何掩护战友。在他这个15岁少年的眼里，四十多岁的老班长简直就是个神：山

东人，又高又大，作战经验丰富，武功高强，一个人可以与十个人对打。

老班长还救过他一命。那是在松山战役打响前的一个夜晚，老班长带着李国义和另一名战友奉命到敌方阵地上执行任务。老班长和战友负责剪断围住阵地的铁丝网，李国义负责发射信号弹。铁丝网上系着许多铃铛，铁丝网剪断的同时，铃铛也响了，防守的敌人开枪射击。慌张的李国义站起来就往后跑，老班长一把将他按倒，拖进一个坑里，躲过了敌人的攻击。

李国义说，抗战结束后老班长还活着，听说回北方老家去了，现在只怕已“转二世”（去世）了。

我们走时，李国义老人站在小儿子新盖的房子前，只穿着袜子站在光洁的地板上，乐呵呵地给我们敬了一个礼。一只小狗在他脚前窜来窜去。

姚　拓

（1922—2009），马来西亚华人，远征军士兵。参加过松山战役。

杨连长和杨老五

这是一个爱情故事。

时间要回溯到20世纪80年代，刚刚迷上滇西抗战研究的戈叔亚在台湾的《中国时报》上发表了一系列有关滇西抗战的文章，既有战争史料，也有当地风土民情，在海外华人中引起了不小的反响，而其中一封读者来信特别引起了戈叔亚的注意。这是一封来自马来西亚的信件，寄信人名为姚拓。在信中，他说自己曾是一名远征军的士兵，并曾经在松山作战。信件的内容远不止这些。

故事伴随着激烈的炮火声开始。松山战役持续了几个月，打仗是比吃饭还频繁的事。曾经有老兵跟我们回忆，原本山上的饭不够吃，后来不仅吃不完，还剩下了。这足以说明，参战的官兵们不知多少人听到了冲锋号，却没有喝上庆功酒。而那一仗，杨连长似乎有所预感，因为他再也没能回到施甸五里凹见他心爱的姑娘——杨老五。这似乎应该是一个被历史湮没的片段，但是，杨连长的同乡姚拓活了下来。

在信里，姚拓尽可能详细地描述了他记忆中

的连长的嘱托。隔了几十年，这些记忆早已七零八落，但是无论他怎样在异乡漂泊，这个嘱托他从没有忘，也不敢忘记。

接受了这个嘱托后，戈叔亚的心情久久都不能平静，他不仅感动于在那生死关头的嘱托，也对这几十年后的寻找谨记于心。但是那个时候环境闭塞，交通不便，他并没有机会去帮助姚拓寻找这个记忆中的姑娘。转眼就是十多年，这十多年里，戈叔亚在研究滇缅印抗战史方面早已声名鹊起，他的脚印也基本踏遍了滇西的土地，只是这个五里凹，成了他的一个心结。直到1999年，他有了一次到怒江边采访的机会，这次他决定再也不能错过了。在爬山上坡找了几个钟头后，他终于来到了心心念念的五里凹。

戈叔亚没想到，他心心念念的这封信和这段经历真的找到了落脚点，更没想到的是，村民们你一言我一语描述出的却是那样一番活脱脱的人生经历。他一定要见到杨老五。

可以想象，一个农家院里突然来了一群外乡人会是怎样的一番喧闹，在那喧闹之下，想要走进杨老五的内心世界也是不可能的。再加上当时行程匆忙，戈叔亚没有给杨老五留下照片，回到昆明后，他马上跟姚拓取得了联系。

这个过程，在今天说来好似平常，但是经过战争的磨难，姚拓能够活下来，已经流落海外却仍然记得那个烽火线上的嘱托，能够在马来西亚见到那篇文章，在那个通信极其不发达的年代能够联络到戈叔亚，隔了四五十年后戈叔亚仍能够找到五里凹，并且见到杨老五，这些曲折和坎坷让作为听者的我们唏嘘不已。我们访问过那么多老兵，可是我们从没有在现实中续接过他们的爱情故事，这位杨老五，她到底过了怎样的人生？真的在眯住双眼的硝烟中痴痴地等待过吗？活在21世纪的她，真的经历过战争中失去爱人的刻骨铭心的痛苦吗？这是叫作“爱情”的东西吗？

我们跟人家打听杨老五，首先见到的，是她四十多岁时妹妹过继给他的儿子。她的经历，对儿子来说，如今已不是秘密。

姚拓的信寄来，杨老五才承认杨连长真的不在了。出于礼貌，孙子连比带画地帮奶奶回了这封写满洋字码的来信。

通信几次后，姚拓不仅寄来了钱，他们甚至还通了电话。

好奇的孙子眼见家里几次来人采访奶奶，禁不住缠着奶奶盘问原委。

孙子的讲述，似乎让我们重现了那电影画面般的场景：如花似玉的妙龄少女与戎装战马的英俊连长，然而之后便是无尽的等待。

杨老五走的时候84岁，姚拓先生也在2009年辞世。这位马来西亚出版界大佬在他的回忆录中写道："在我要饭吃的时候，就是连长牺牲前让我照顾杨老五的嘱托支撑我要活下去。"在过去的几十年，杨老五就像大多数的农村妇女一样过着平淡的、平凡的生活。丈夫先她十多年离开，儿子虽不是亲生，却孝顺有加。早先如果不是记者来，儿子、孙子几乎从没有听过这个故事的开始和结局，他们只记得一个细节：几次想要重新盖房子搬新家，杨老五都绝对不肯。他们家的窗子打开，对面，就是巍巍松山。

赵家有

（1918—2014），原籍云南腾冲，生前居住在云南省保山市马站乡保家村。工兵。

弟弟的墓碑

在腾冲的来凤山下叠水河边，长眠着抗日远征军的八千英灵，这就是1945年腾冲人民为纪念中国远征军第20集团军攻克腾冲阵亡将士而修建的国殇墓园。抚摸着这深刻在一座座石碑上的名字，似乎还能感觉到曾经的温热。据说，有许多他们的父母、兄妹、妻女在这里找到过亲人的名字，谁能想象，那一刻是怎样的肝肠寸断。

赵家有老人就曾在这里找到过弟弟的墓碑。赵爷爷抗战时参加过工兵培训，没有实际参加战斗就回到了老家腾冲。收复腾冲战役打响后，因为赵家有当时已有妻室，怀有满腔报国热情的弟弟赵家应代兄出征，在预备2师攻城的时候战死了。

腾冲县委宣传部的田丽华老师清楚地记得，她有一次看见赵爷爷在国殇墓园的土坡上坐着哭，上去询问，说是原来在这里有弟弟赵家应的墓碑，因为墓园大修过一次，现在找不到了。

赵家有：以前是找着过呢。到后来大修那一年，把那块小碑埋起掉了，就找不着了。后来我也去找过呢，找不着了。以前去瞧见墓碑呢，那个墓碑上就写着他的名字呢，赵家应。他比我聪明，他识字我不识。我那时不识字，学堂门都没进过，我家兄弟进过。预备2师攻城的时候，他是参加敢死队，第5团的团长带着敢死队，就在那时打死的。都死了多少年了，我一直想着他，我心疼呢，他替我去为国牺牲的。我心里辣疼呢！

说起墓碑的故事，坊间曾有传言，因为弟弟赵家应是代兄出征，所以赵爷爷原来找到的墓碑上刻着的是赵家有的名字。不过赵爷爷坚持说，原来的墓碑上，他亲眼看见，是弟弟赵家应的名字。

望乡

70年前，为了国家和民族的保全，他们离开了家乡。70年后，他们凯旋却不归，家乡是遥远而不可即的梦乡。70年前，远征军的士兵们用生命和鲜血作为献祭胜利的牺牲。70年后，在战火中幸存的老兵们发现，他们为胜利所牺牲的还有他们心灵的依所。

谈及家乡，老兵们哭了。家乡是一道菜，家乡是妈妈的目光，家乡是一个回不去的名字，是他们心中温暖的回忆和苦涩的牵挂。

靳秉钧

（1922— ），原籍陕西临潼华清池，现居云南省保山市施甸县甸阳镇文武社区。1938年当兵，属11集团军87师259团，先当战马医护兵，后为军部少尉军医。

靳秉钧

我老家跟杨贵妃一个地方

施甸县甸阳镇文武社区，巷道尽头有一个安静的小院子。县文化馆的张学兵是我们很熟悉的朋友，他辗转听说这里可能住着一名远征军老兵，与这位老人的儿子取得联系后，就带领我们一路打听着找到了这里。不过意外的是，院子的门是关着的，还从外面上了锁。

一群人在门外叽叽喳喳讨论了半天，又打电话到处问，可能是动静大，锁着门的院子里竟然有了回应。半天，老人颤巍巍的手从门缝里伸出来，递出了开门的钥匙。

原来，在锁着的小院里，我们要找的靳爷爷竟然在家。

靳秉钧老人今年已经91岁，和老伴儿一起住在这座小院里，儿子一家住在路对面的两层小楼房里，喊话就能听见。老人院子一角，不知名的花草开得热闹，反倒更显得小院空落落的过分安静。

靳秉钧老人去年患脑出血后留下了腿脚麻木的后遗症，行动不便，因为怕外面的人随便进院里来惊扰到靳爷爷，老伴外出时经常就顺手把门

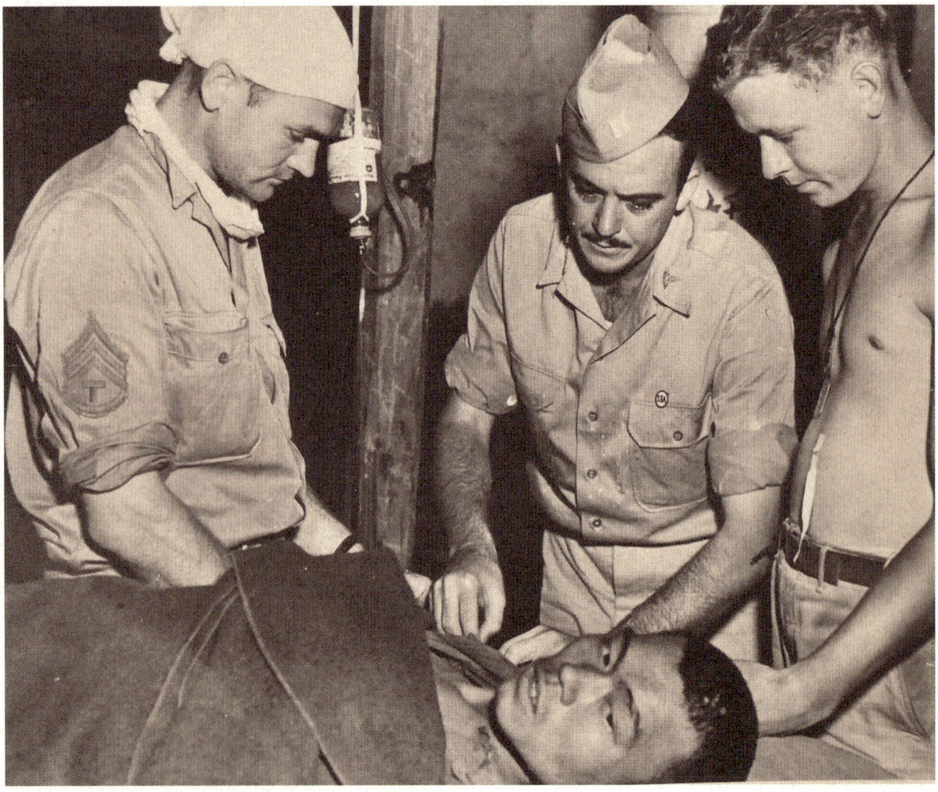

锁上。今天，80多岁的老伴是去玉米地里给庄稼铲草去了。

靳秉钧：我家老伴儿去那个大山上给玉米铲草去了。（你家老伴儿？她还能铲草呢？）没有人啊！（她多大年纪？）80。（去山上铲草？）铲草。（你家里那么干净，你也穿得清清爽爽、整整齐齐的，都是老伴儿照顾你吗？）有的时候我也洗洗衣服呢。原来我也好好的呢，就是前年得了脑溢血，病好了以后腿就麻木了，就好像一个木头在下面杵着一样，就像日本女人穿着木屐，没办法，它没感觉了。

靳秉钧是陕西临潼人，老家就在杨贵妃洗过澡的华清池边上。可能是小时候托了故乡温泉水的福，老人现在仍然肤色白皙，衬着皓白的头发，微微有些刺眼。

靳秉钧：我是陕西人，耳朵边那个陕，陕西临潼县，跟杨贵妃一个地方呢，杨贵妃我们在一起。

当年，为了承担长子的责任，也为了给弟弟妹妹省下一份口粮，16岁的少年靳秉钧跟着舅舅当兵离开了家，没想到这次生离成了死别。

靳秉钧：11集团军87师259团。当时他（舅舅）在军队上是当司务长，跟我们是亲戚就拉扯着关心。他来跟我说，你不如跟我去当兵好了，要是乡长、保长来（抓兵）的话，是要绑上、捆上拉了去，那就可怜了！那时我也不敢说给我妈，我怕我母亲哭，就（偷偷）走了，跟着他（舅舅）来当兵。

姑娘，你小，你不知道，旧社会才可怜呢！

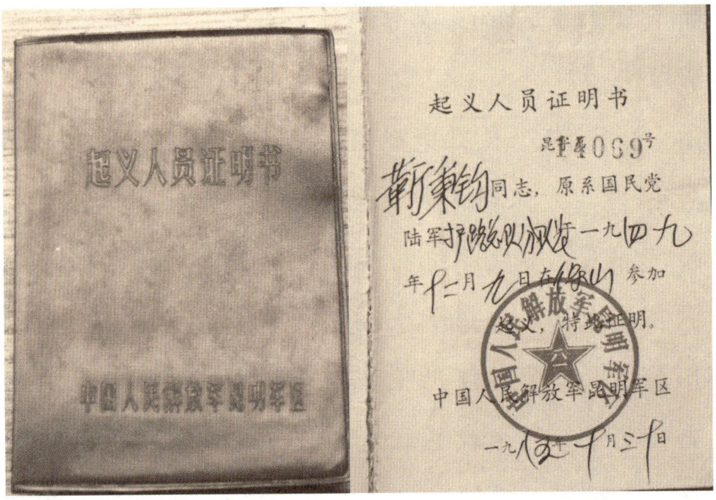
起义人员证明书
中国人民解放军昆明军区
起义人员证明书
同志，原系国民党
陆军
参加
起义，特此证明。
中国人民解放军昆明军区

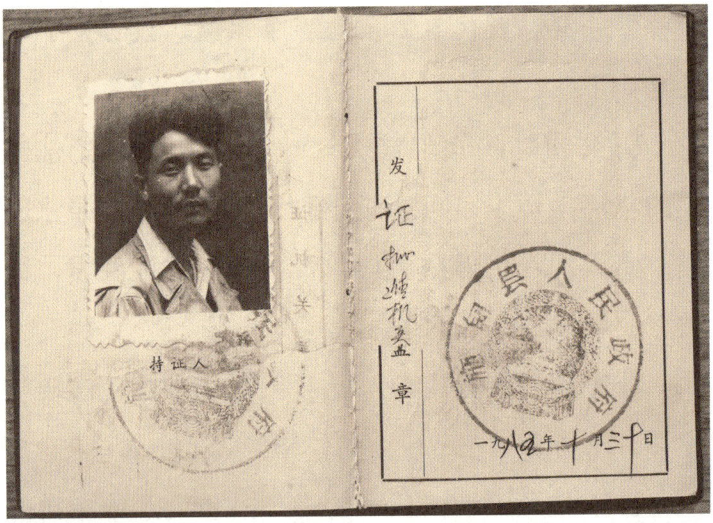
持证人
发证机关盖章

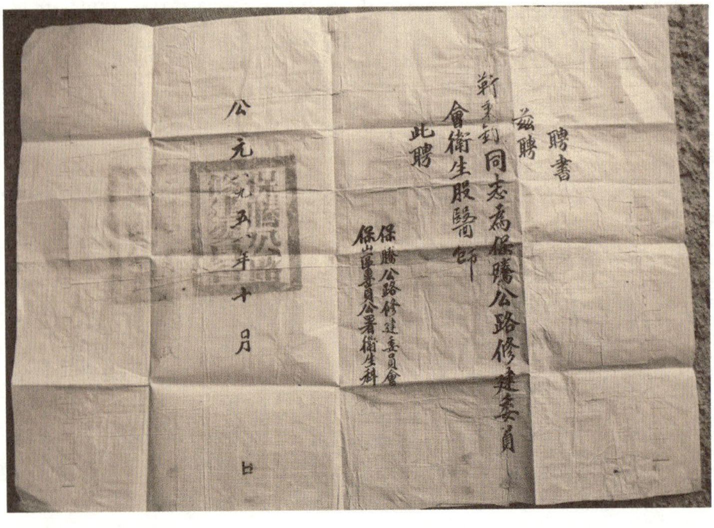
聘書
茲聘
同志為保騰公路修建委員會衛生股醫師
此聘
保騰公路修建委員會
保山專員公署衛生科
公元
年十月

我那个时候是三个弟兄，我老母亲一个人带我们，五十来岁的小脚妇女。家里很穷，没有办法，生活相当困难。我们有时候一天吃两顿，有时吃一顿。吃三顿，根本没有见过，也没有听说过。我一出来，家里就减少一个人吃饭，又松一点。

“故乡今夜思千里，霜鬓明朝又一年。”今生今世，他已注定一辈子颠沛流离。没有诗人用以寄托乡愁的邮票，也没有船票，甚至看不见埋葬母亲的那方矮矮的坟墓。

靳秉钧：姑娘，你们年纪小不知道，那个时候的人可怜。生了儿子是老蒋的，抽丁，300块大洋可以请人顶替，家里穷，没钱找人顶就抽来了。开始当兵的时候在部队里的兽医院给牲口看病，从西安到甘肃，从成都到昆明，再到保山，一直没有回过老家。也有人劝我回去看看，没有钱，哪有钱回去？而且父母都死了，母亲哭瞎了眼睛，四几年就死了。

刚入伍的时候，靳秉钧进的是部队里的兽医院，照顾为前线驮运枪炮的骡马。

靳秉钧：马那个脊背可怜呢，驮大炮啊，到晚上把驮架子拿掉，脊背上烂得一片一片的。在给它换药的时候，要那边一个桩，这边一个桩，把马牵过来在中间，拿绳子给绕起来，它就不跳了，不然它跳呢，害怕踢着人。把它伤口洗干净以后，拿消炎粉撒上，再拿棉花、布给它包起来。牲口它也不懂，疼得蹭啊、打滚啊，所以包好以后，还要用绷带绕起来。一个牲口换次药要两三根绷带呢！晚上给牲口包扎好了，白天它又去驮东西。牲口是可怜呢！

兵荒马乱的年代，生死未卜的命运，我们很难凭空推测，那个十六七岁的少年有没有因为恐惧、因为孤单、因为思念偷偷哭泣过。在乱世里，命真是比纸还薄的东西，承载不了所谓乡愁这种过于重也过于轻的负荷，只有淡然，只有认命。

1944年，靳秉钧随队伍来到保山驻扎在施甸坝，此时，他已经开始学习看护伤病员，还被提拔当上了少尉军医。

靳秉钧：现在给人（看）了嘛，当看护兵了嘛。看护兵就是来病人照顾病人，拿盐水洗伤口，伤口洗干净了该包扎的包扎，该怎么处理的怎么处理。后边到打松山的时候，打龙陵城的时候，镇安街上的医疗点离得远一点，送伤兵送下来很不容易，我们就在半路上，黄草坝那个地方，盖了一个棚棚，算是一个临时医疗点。伤病送下来看看有没有包扎好，骨折上夹板有没有上好，没有搞好的话要重新包扎。

老人记得，当时的战地医院，不光有中国部队里的军医，还有美国和红十字会的医疗队。

靳秉钧：在一起工作，他们单独有病房，拿毡子盖的棚棚，他们的条件好一点。有时候他们拿牛奶给伤兵吃。我虽然当个医生，我还没有见过牛奶呢，也会想吃呢，但是怎么办呢？没有。（有没有跑到美国帐篷里，看看他们怎么给病人治病？）去呢，有时候他们叫我们去呢，因为我们也是医生同行。他叫我们到那里去，给我们一人倒一杯牛奶，给我们一个人吃几块饼干。

作为军医，虽然不用直接上火线，但是松山战役的惨烈仍以另外一种方式给靳秉钧留下了无法磨灭的印象。

靳秉钧：可怜呢！有的人胳膊打断了，有的人腿打断了，血淋淋的可怜呢！有的膀子打掉，有的身上一大个洞，能救尽量救，不能救的就没有办法了，不能救的就眼看着他断气，你不这样你咋整呢？有的就算你马上送走，看样子半路上都到不了（就死了）。唉，战争，真残酷啊！（那些重伤员，抢救不了的，你们不给他抢救了，他有什么反应吗？会跟你们说什么吗？）我们尽量还是要（抢救）包扎，就算真正要死了的，还是要用纱布好好包起来，要不红兮兮的，看着心里难过呢，增加（别的）伤病员的痛苦。也有一些人知道自己伤得重要死了，骂的骂，闹的闹，哭的哭，什么样子都有。有的人是骂，有的人要吃的，叫："我想吃肉，我想吃肉，想吃点肉。"到哪里买肉？唉，那个社会啊，真是什么社会啊！

老人回忆，有的士兵知道自己伤重要死了，请医生帮写信给父母，可是谁忍心把孩子的死讯告知他的父母呢？那会是怎样的晴天霹雳，万箭穿心！

靳秉钧：有的是这样说他家在哪里，请帮写封信，说我已经是阵亡了。像这些信么哪个敢写？写了去么他父母还不气死了？你说是不是？没有办法！就装个糊涂算了。有什么办法？唉，可怜可怜！（那些人跟你说这些，说他老家是哪里哪里的时候，你也是个外省来的人，你想不想家？）人心皆然嘛，我当然也想了，我母亲为我哭、哭，把眼睛都哭瞎了！

滇西抗战胜利后，靳秉钧离开部队到处流浪帮人做活，希望能存点路费回家去，可惜兵荒马乱的年代，回家的愿望最终还是成了泡影。为了避免再次被抓兵，他留在施甸安了家。

靳秉钧：以后就安家来这个小村子了。（你是上门的吗？）嗯，说不清楚了，你说我们要讨媳妇，讨到哪里？我一个光人，讨到哪里？一样也没有，什么都没有，是一个光人。（有没有让你改姓？）没有。

“少小离家老大回，乡音无改鬓毛衰。”靳秉均老人至今依旧说着一口纯粹的陕西话，如果他知道唐代诗人贺知章的《回乡偶书》，他也许会用欢快的语气来诵读这原本凄凉的诗句。因为，在老人的心底，回家去、回陕西临潼老家去，那是一个回望了一生的遥不可及的温暖的梦。

靳秉钧：没有回过。有人说，你可以回家看看。我没有钱啊！哪来的钱？回家么要很多钱呢，车费、路费，亲戚朋友的娃娃你要给一点，我没有这么多钱。（那你心上还想不想回去看看呢？到这个岁数了，还想不想回老家看看？）还想再回去一次，可是经济条件太差了，回不去了。

我们和老人坐着聊了没多久，老人的大儿子走了进来，安静地站在一边听父亲诉说着一生的颠沛流离。本已是听过多次的往事，却让这个中年男人又一次失声痛哭。

靳秉钧的儿子：我奶奶死的时候都没有见到一

面！老人每天晚上都躲在被窝里面哭，因为我爸爸他修养好，所以他一般也不跟我们讲这些难为情的事，我们作为儿女，我们也无能为力。没办法！

我看他这一年多身体有点不行，因为那次脑出血以后，记忆减退，我爸爸一生当中不喜欢别的，就是看书，就在那里看书。我经常看到他那个身影，我都流泪。

年长一些的中国人喜欢把故乡称作老家，因为那里不仅仅是一个亲切的地名，更重要的，那是烧着炊烟、有热汤热水的家，那里有永远惦念着你的、等待着你的至亲骨肉。

靳秉钧：（但是你出来七十多年了，你现在对老家还有印象吗？）还有，还有印象，亲戚的娃娃们长大了。（他们可记得你？）我寄过照片给他们，他们经常看看照片。（你的弟弟妹妹这些都还在吗？）弟妹还在呢，最小的那个妹妹50多岁了，大的那个也退休了好几年了，我那个儿子经常给他们打电话。（你心里想不想这弟弟妹妹们？）骨肉至亲啊，怎么能不想呢？想啊，没有办法！这两年想得没有前两年那么厉害了，前两年一想起来心里难过呢，哭呢。现在么逐步逐步父母都死了，弟妹都结婚走了，我也不那么想了，淡掉了。（吃米饭吃的时间长了，会不会还反倒想老家那个面？）面我相当想呢。我现在病了后，你看我牙齿全都掉了，全部掉完了，我现在还是想吃面，因为面里面有汤汤水水，我好咽下去。米饭有时候嚼嚼以后它满口跑，它收不拢，我不喜欢吃米饭。

再也回不去了吧，再也摸不到华清池的温泉水，再也吃不到宽宽的裤带面，再也见不到日思夜想的弟弟妹妹，就算梦中回望，怕也都是白发苍苍，不敢相认了。

靳秉钧：别的什么也不喜欢了，就是想能够回去（老家）一次。看这样子，回不去了。腿也麻木，耳朵（反应慢），别人说的话，我一下还理解不清楚。（回不去）就感到很遗憾，就这样。

何绍从

（1924—　），原籍四川宜宾，现居云南省保山市腾冲县腾越镇田心村。1942年当兵，属20集团军198师，运输兵。参加过高黎贡山战斗。

兒孫思
在心

我没有家

何绍从原名龙永继（音），个子不高，但很结实，思维清晰，语速很快，外貌也比实际年龄要年轻得多，一点儿都不像个快90岁的老人。

他还能下地干活，他非常自豪地说："农活我是样样都搞得来，搞得好。"虽然这样，子女们却不让他到地里去，闲不住的他会搞搞家里的卫生，给下地干活的子女们做做饭。

何绍从是运输兵，专事前线弹药的运送。他说现在的运输兵是开车，他们那时的运输兵才是真正的运输兵，那些前线的弹药是靠他们肩挑背驮运上去的。

在高黎贡山战斗中，他们运弹药时，一路都是战友的尸体，没有时间掩埋。他们只有拨开战友的尸体继续前行。

抗战胜利后何绍从留在了腾冲，靠帮人收割庄稼和挑粪生活，后入赘腾越镇田心村一户人家。

何绍从说不回家一是因为没路费，二是不想回，因为他是个“孤人”。参军前父母就去世了，兄弟姐妹也没有，他说：“回家去找谁？我没有家。”

龙永继是何绍从未入赘前的名字。因为不识字，他只记得发音是这样，具体是哪三个字，他不知道。

黄有强

（1918—2013），原籍湖南怀化，生前居住在云南省保山市腾冲县腾越镇尚家寨阎家塘。1940年当兵，属54军116师，上士班长，迫击炮兵。参加过腾冲收复战。

死一个日本兵要搭上五个中国人的命

黄有强住在二儿子崭新的大房子里，客厅一侧朝阳的那一间就是他的卧室。儿子打工去了，儿媳在照顾他。儿媳很孝顺，说话总能逗他开心，黄有强很喜欢这个孝顺乖巧的儿媳，以至于2009年回乡时都带着她去。

黄有强是远征军54军116师的上士班长，炮兵，湖南怀化人，参加了收复腾冲的战斗。

黄有强：战斗虽然打胜了，但是也叫人难过，死一个日本兵差不多要搭上五个中国人的命呢！

黄有强于1940年当兵，腾冲收复后因种种原因留在了腾冲，但家乡唯一的哥哥始终惦记着他，临终前吩咐自己的儿子也就是黄有强的侄子一定要找到这个叔叔。

2009年，家乡的亲人终于辗转找到了黄有强。

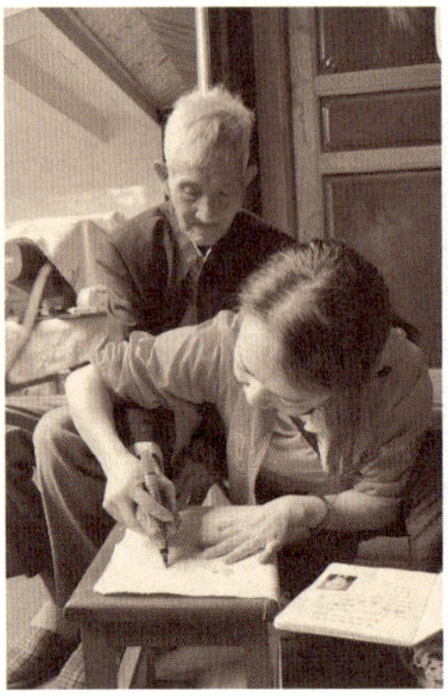

次年，在社会团体的帮助下，他回到了阔别76年的家乡。比起战争的经历，黄有强更乐意向人们讲述他回乡的这段让他自豪又满足的经历，他这样描述家乡人到火车站接他的情景：“一下火车，有上千人在接我，好多人跟着一路地照相，一路地放鞭炮，那热闹可不是一般的。才回到家，当官的又开着小车把我接去开会……”

虽然家乡人这样热情，但黄有强还是想回来腾冲这个家，因为在他眼里，没有什么地方比腾冲更好在了。

张光华

（1919—2013），原籍四川达州，生前居住在云南省保山市腾冲县猴桥镇箐口村。1935年当兵，属预备2师4团，步兵。参加过腾冲收复战。

到堂中还威武

坐轮椅的老人

张爷爷是四川人，当年被抓兵后跟着远征军预备2师来到腾冲，此后再也没有离开过。

张光华：从家里出来的时候母亲还在，后来就听说她气死了。

张光华老人现在的身体状况不好，腿脚不灵便了，行动要依靠轮椅。加上耳背，周围人要很大声地对着他的耳朵说他才能听见一部分，因此我们没有能够听张爷爷说太多当年打仗的故事。他只记得，在腾冲马面关，他们的部队打死了一个日本军官，叫作“金刚司令”。

老人在参加腾冲游击战和收复战役时受过枪伤，至今身体上还留有两处伤疤。据老人的家人说，两颗子弹都已经取出来了，但老人坚持说，还在身上。也许，是那种刻骨铭心的疼痛还在记忆里吧。

张爷爷很想念老家，可惜年轻时因为经济困难，没有办法回去，现在年纪大了，更回不去了。我们告别时，张爷爷不顾所有人的阻拦，坚持坐着轮椅把我们送到巷口，久久挥手，目送我们离去。

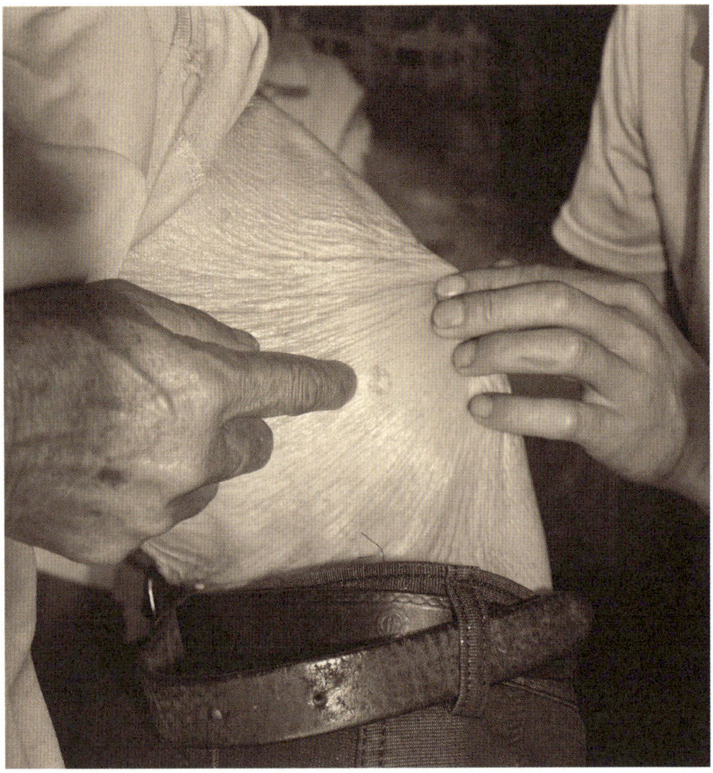

英雄
中国远征军

周 杰

（1921—　），原籍湖南长沙，现居云南省保山市隆阳区下巷街小井巷冷冻厂宿舍。1939年当兵，属54军军部，少校军医。

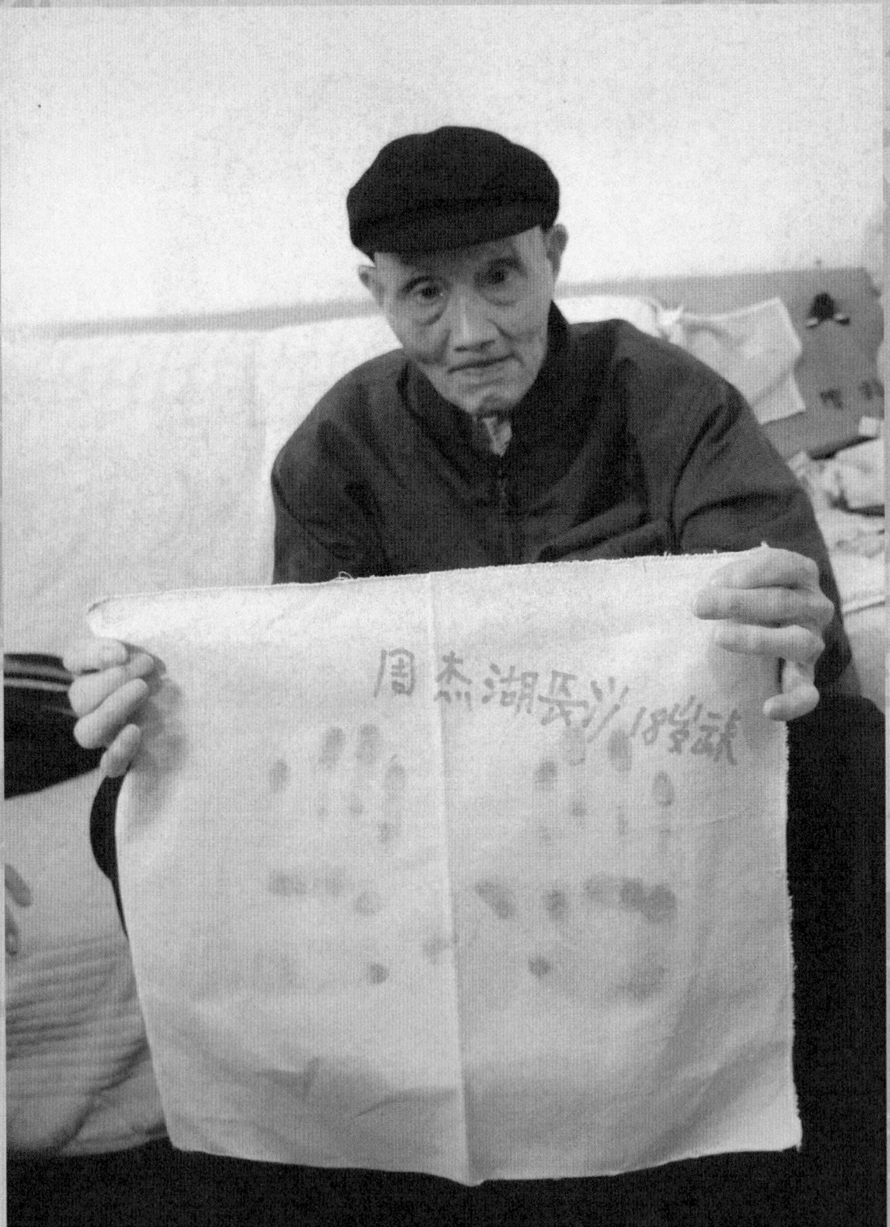
周杰

湖南长沙石灰嘴，18岁出来

我们遇到过许许多多来自全国各地的老兵，在国家危亡的时候，他们离乡背井来到滇西，用鲜血和生命守护了民族的尊严。然而，对于他们中的大多数而言，回家的路太过漫长。其中有一些算是比较幸运的，即便是在暮年，毕竟回过老家见到过久别的亲人，但还有许多老兵，终其一生也只能遥望故乡……

隆阳区下巷街小井巷，一幢老旧楼房里的狭小宿舍，远征军老兵周杰和女儿一家就住在这里。因为曾经当过国民党军官，周杰曾在他29岁的时候以“反革命罪”入狱，人生最好的十年与高墙和铁窗为伴。平反出狱的时候，他已经是年近四十的中年人。

老人现在已经92岁，牙齿掉光，每天只吃面条。得知我们是寻访老兵的，老人马上哭了，还依然清亮的眼睛浮上一层泪水。

周爷爷曾是远征军54军军部的少校医官，74年前离家后再也没有回去过，但还是一口纯正的湖南腔。

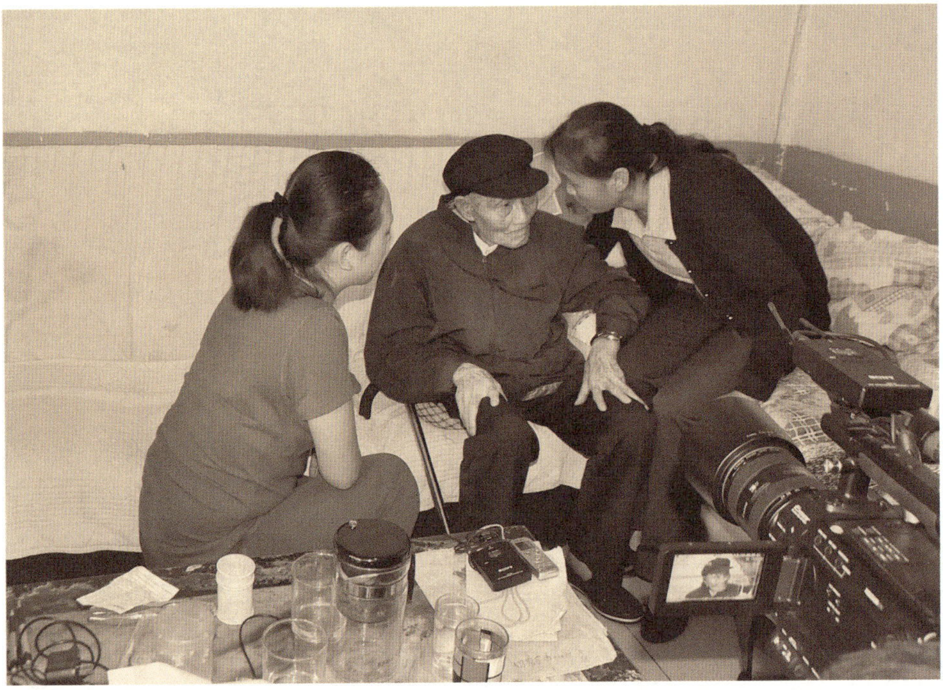

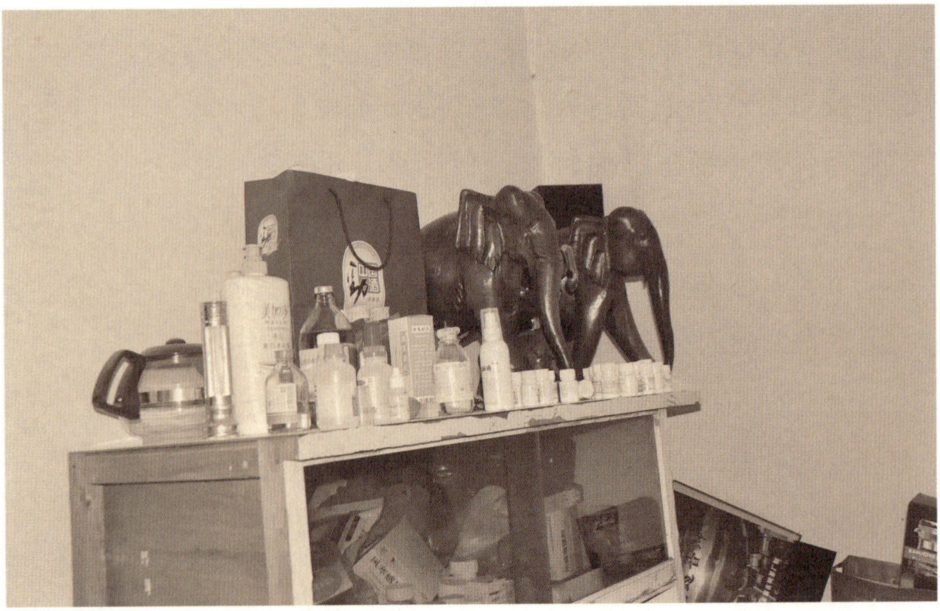

老人家耳朵基本听不清了，意识也不太清楚，但是，他还清楚地记得自己的老家。不管我们问的是什么问题，老人的回答永远只有一个——

周杰：*湖南省长沙市石灰嘴，18岁就出来……湖南省长沙市石灰嘴，18岁就出来……*

怕我们忘了，周爷爷在我们给老兵留手印的布上，用颤抖的手郑重地写下家乡的地名。

没能够回老家一次，是周爷爷一辈子的遗憾，年轻时经济不允许，等条件好了，却老得再也回不去了。每一次提起湖南，老人的眼睛里就浮上一层泪水。

周杰的女儿告诉我们：老人平时一个人在家，就只看湖南台。其实，他几乎完全听不见电视里在说些什么，也许他只是希望用这种方式和故乡建立一丁点联系，从中得到一丝丝慰藉。

为了纪念湖南老家，老人亲自为孙辈孩子起名，每个人的名字里都带个“湘”字。

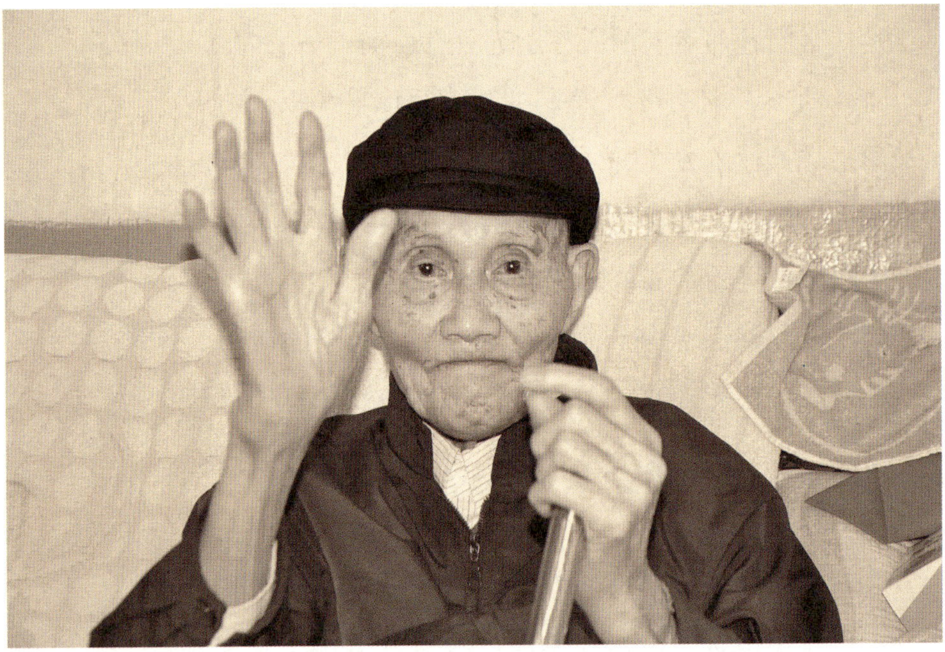

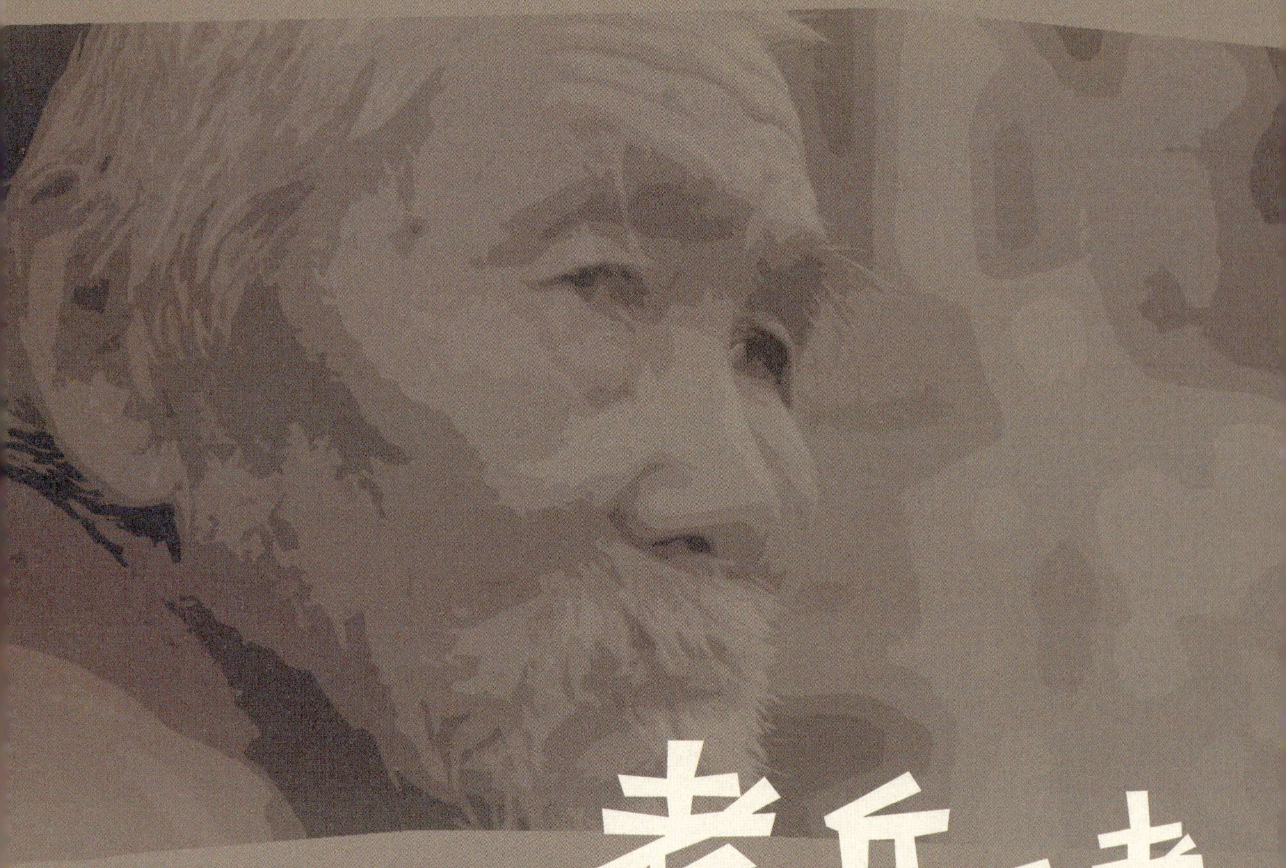

老兵已老

老兵们已经老了。他们有的已说不清那段峥嵘往事的细节，有的已记不起所在部队的番号，甚至有的已经久卧病榻，无法与人交流。在最青春、最美好的岁月里，他们站在了民族抗争的第一线，在生死的边缘地带以无畏的姿态驱逐了敌人。而如今在岁月面前，他们只是普通的人……

然而，往事的光辉并不会因为老兵的衰老而黯淡，反而会在岁月的淘洗中愈发闪耀。老兵已老，但老兵的精神已是一座永恒的丰碑。

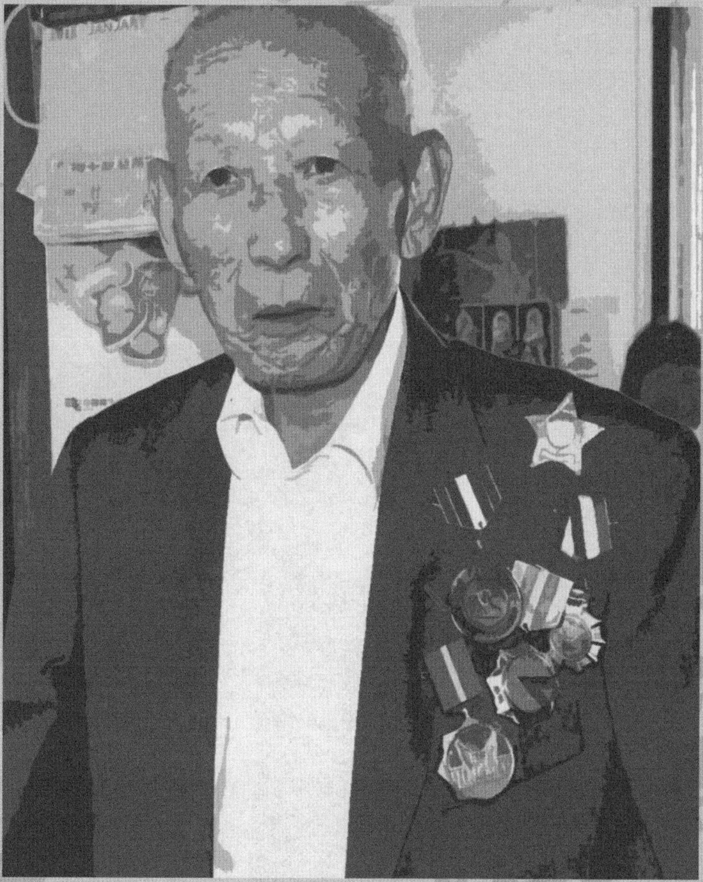

杨良平

（1918—　），原籍浙江新昌，现居云南省保山市隆阳区。1942年当兵，属71军88师264团2营2连，机枪连重机枪手。曾参加淞沪会战和南京保卫战，后来又编入中国远征军71军88师投身滇西抗战，在松山当过敢死队员，驻守过怒江桥头。

当和尚也被撵出门

白衬衫，灰西裤，黑呢毡帽，红木拐杖，映着满院的花草树木和宽敞的楼房，站在台阶边的95岁的杨良平像极了一位风度翩翩的老绅士。

但是，“老绅士”说起往事却毫不“绅士”。他会哽咽，还会跺着脚骂。

75年前的一个夏天，正在自家瓜地里劳作的杨良平未曾换去身上的泥衣，就直接被抓兵的人从地里带走了，从此开启了他荣耀又哀伤的苦旅。由于入伍早，杨良平参加了淞沪会战和南京保卫战，后来又编入中国远征军71军88师投身滇西抗日战场。

1942年春天，经过一个多月急行军的杨良平所在部队终于来到了保山，此时，正是保山城遭遇“五四”轰炸的第二天。杨良平说看到当时的场景，他又难过又气愤，本来害怕上战场的他突然有了十足的勇气。

杨良平：保山炸死的老百姓，没有人收尸的，统统丢在现在的百大（百货大楼）那个地方，中间有个炸弹坑坑，都是堆放着死人，所以对敌人我从来就恨。

说这话时，杨良平跺了跺脚，咬紧了所剩不多的牙齿。

1944年夏天，杨良平所属部队接到任务，从侧面进攻龙陵一个叫“老东坡”的地方，夹击上面的守山日军。长官对他们说：如果这里打不下来，谁也不要回来。

为了拿下老东坡，一天夜里，已升任特务大队队长的杨良平带着美军援助的汤姆逊冲锋枪和100多名特务队的战友出发了，他们的任务是摸清敌军阵地的兵力和布防。

杨良平：副团长亲自打到前线，打重机枪。他对我说：“小杨，今天一定要胜利，一定要胜利回来。”我对弟兄们说：“弟兄们跟着我。”爬到地方敌人还没有起床，他们用钢板围起的房子在里面，我们没见过，白天也没来过。带路的跟我说：“队长，前面这个地方就是了。”他用手指着。黑蒙蒙的我也看不见，我就把枪拿起来了，天（探照灯）突然亮了一下，就听到敌人的枪响了。敌人的枪和我们的枪不一样，他们打枪的声音是“嘎嘣”，我们的是“砰嘣”。后来洞里的日本兵也发现我们了，他们用日语喊了起来，我就拿着枪“嗵嗵嗵”，二十发子弹不断口地打掉了。我只有一个弹匣，要自己装子弹，装了后敌人第二次又出来了，他们打的是步枪“嘣嘣嘣”。后来我两个大腿统统被打断了，枪也丢了，两个弟兄拉着我的手，裤子什么的都没有了，一身都是血，把我拖到后面。

那次，他和战友准确的情报让部队胜利拿下了这个山头。然而，杨良平却因伤重被送往位于黄草坝村的美国援华野战医院。

杨良平说要是没有美国人，一百个一千个杨良平都死掉了。

杨良平：到了黄草坝美国的野战医院。要是没有美国人，别说一个杨良平，就是一百个一千个都要死掉，为什么？挂（受）了重伤啊，两个腿子骨都打断了，站不起，一动不能动。那天晚上送到黄草坝，上了麻药，全身麻醉，用绷带、石膏全部封起，就留一个解手的（洞），其他全部封起。后来醒了以后，已经把我送到保山来了。在沙河（村）那边的野战医院，我住了一段时间。石膏绷带上写着英文字，我也看不懂，他们说三个月可以解开，后来又住到下村的一个小学里面养伤，脚没有解开，手可以动，拿一个板凳靠着。三个月以后是好了，好了后就用这个拐杖拄着。后来找了车子，我要回前方，那个时候的部队，松山拿下来了，龙陵拿下来了，打到芒市去了，后来我还是找到了部队。到了部队以后，团长说："你养伤，你休养一段时间又跟上来。"休息了几天时间我又跟上去了。

滇西抗战胜利后，杨良平所在的部队接到北上的命令，一直紧跟部队的杨良平回想几年来的艰辛，决意结束戎马生涯。杨良平哭着说，在部队从来不知道冬天还要穿棉衣，没穿过啊。

在保山生活了一段时间，举目无亲，生活无着落的杨良平决定到南京投靠亲戚。然而，此时正处

于战火中的中国，无数人居无定所、颠沛流离，投亲靠友这件在我们今天看来稀松平常的事在当时却是一种奢望。亲戚自然没找到，而他却要活下去，正值青年的他就在当地一个火车站以打工为生。

其后，为了生活，杨良平又辗转到了上海、山西等地。1951年，杨良平与山西姑娘陈秀珍相爱并结为夫妻，满以为新生活就此开始的他却遭遇了另一轮厄运。因成分问题，杨良平被迫与妻子离婚，万念俱灰的他无处安身，曾经九死一生的云南保山此时成为他认为唯一安全的地方。于是他从山西临汾一路辗转又来到了云南。到了云南大理境内时，他听一些挑夫议论，说当地有一个寺庙，非常大非常壮观。挑夫们商量着哪天去逛一逛，但杨良平却想到了另一条出路：出家。

杨良平：我就慢慢爬上山，庙里也没什么人，有两个老和尚，劳动力都没有。我就跪下去磕头，师父你收收我，没办法，我要吃啊，饿着啊，他说好好好，就拉我起来，说（你）帮助我们做做事。

杨良平说的那个很大的寺庙我们已无从考证。就这样，对人生已没有过多期盼，只求一口饱饭的杨良平落发做了和尚，成了这个庙里唯一的青年和尚。挑水、做饭、种菜、砍柴这些重活全落在了他的肩上。

杨良平：砍那种栗树，可能有这么高，这么粗，天天出去，镰刀砍刀拿着出去，两个肩膀都是红的肿的。我咬着牙齿，不砍不行啊。回到家，现在用的是自来水，过去的是木水桶，一挑水是150

斤，要到山沟沟里面挑。我也心甘情愿了，劳动劳动吃饱饭就得了。

如果，日子就这样过下去，眼前这个清朗的老绅士也许就是一位90多岁的僧人，然而，命运就是这样地让人无法捉摸。因为当地人怀疑这个操着一口很难听懂的外地口音的小伙子来历不明，出家不到半年的杨良平被当地人赶出了寺庙。

被赶出寺庙后，杨良平遇到一个在保山经营客栈的老乡。在这个老乡的帮助下，杨良平终于在保山落了脚，几年后，经人介绍与现在的妻子结了婚，那时的杨良平已经47岁。现在杨良平与老伴育有两个儿子一个女儿。

尽管已经是90多岁的老人，杨良平还是念着他原来被迫与之离婚的那个妻子。他经常跟人抱怨说现在的妻子是他不喜欢的，喜欢的又不给要。

流离失所半生的杨良平老人谈及往事虽难掩悲伤，但他却始终认为那段从军的经历是他最荣耀的记忆。他抚摸着胸前那些各个社会组织、团体颁发给他的纪念章对我们说："这是我的强心剂，也是我的精神食粮。"

我们去看杨良平老人的头一天，是他95岁的生日，他说他女儿带他到寺庙里吃了斋饭，浙江的孙女和重孙都打电话来祝他生日快乐。说到这里，他又哭了起来。

曹新齐

（1922—2012），原籍云南腾冲，生前居住在云南省保山市腾冲县马站乡三联村大河三组。

蓝布的湿衣服

曹新齐的家在一片陡坡上，清冷的院里有一棵枇杷树，黄色的枇杷挂满了枝头。

曹新齐因中风瘫痪多年已不能言语，他半躺在堂屋中间的一张竹椅上，一身蓝布衣裳看起来特别新。“特别新”的原因是因为这件衣服是湿的。因为我们临时来访，或许是没有体面的衣服，家人只好仓促地给他换上这件湿衣服。

只停留了很短的时间，我们决定走，因为只有我们走了他才能换下湿衣服。外面正下着雨，我们担心他会着凉。

一直悄无声息的他知道我们要走，紧紧攥住递给他慰问金的我们的手，张大已经没有几颗牙的嘴，却一句话也说不出来。混浊的双眼此刻无比清亮，因为里面盛满了泪水。女儿伏在他肩上安慰着他，告诉他不能这样，如果他这样的话会吓到我们，以后就没人敢来了。

曹新齐结过两次婚，第一个媳妇在女儿五岁时去世，第二个老伴目前健在。只有一个独女，招了上门女婿。全家四口人靠务农为生，生活困苦。

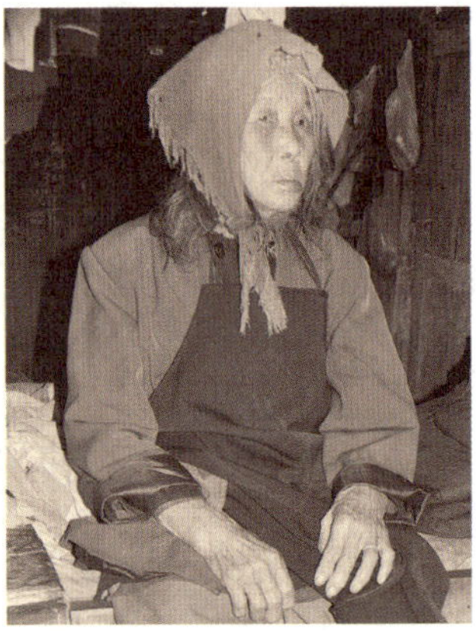

曹新齐的战争经历在当地统战部的资料里只有寥寥数十字——哪年当兵，参加了什么战役。更多的细节或许不会再有人知道，它在曹新齐失去语言功能的那一天就从此深埋了。

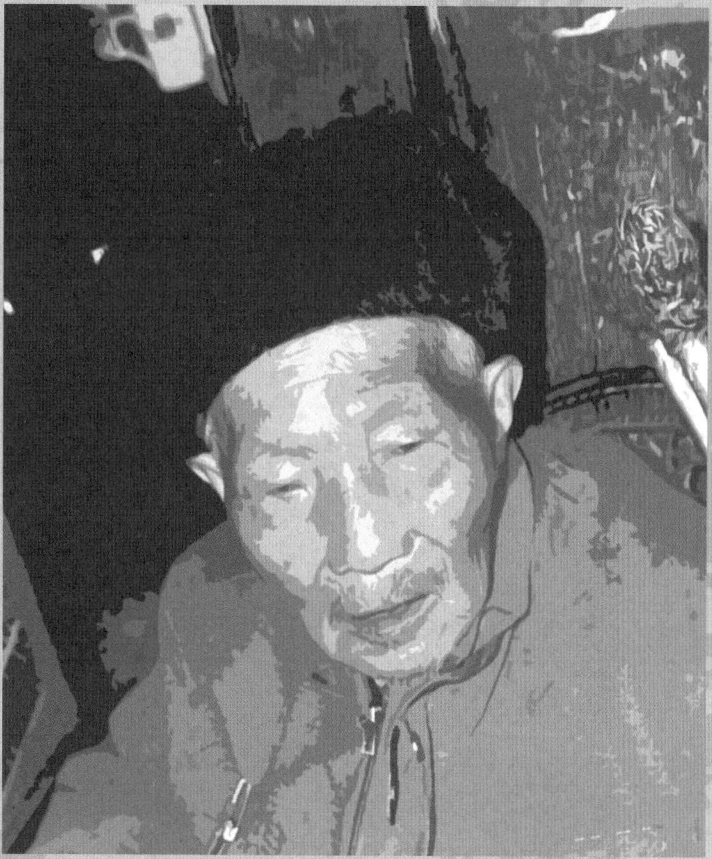

郭自益

（1924— ），原籍云南腾冲，现居云南省保山市腾冲县腾越镇天成社区振兴小区34号。大理干训团第19期学员，属11集团军滇康缅特别游击区，中尉，从事情报收集工作。

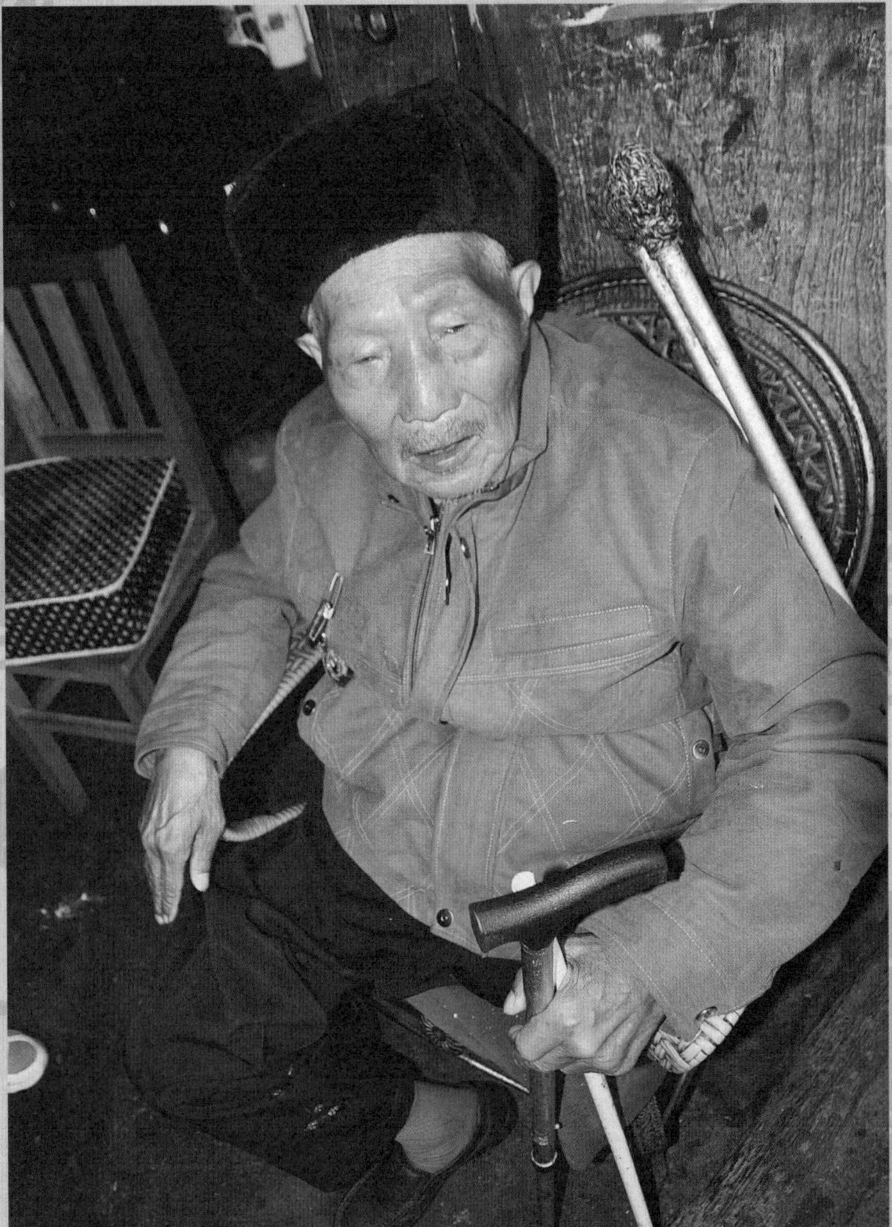

独腿的刻章老人

郭自益的家在腾冲城老街子，房子临街。年轻时因一场意外，他的一条腿从大腿部截了肢，成了残疾人。89岁的他如今每天的大部分时光就是坐在房前的过道上，帮女儿守着刻印章的小摊。

郭自益1941年参军，是黄埔军校大理干训团第19期学员，中尉军衔。当地统战部的资料里记录着他在抗战时主要从事情报收集工作。如今郭自益唯一能向人清楚表达的只有他当时所在部队的番号。

郭自益上过私塾，写得一手好字，还有刻章的手艺。因为抗战的经历，“文革”时他受过不少罪，年轻时又因意外失去一条腿，年近四十才娶了一个有轻微智障的媳妇，膝下仅有一个独女，继承了他刻章的手艺，赖以度日。

我们给郭自益买来了蛋糕，他打开袋子就静静地吃了起来。随行医生告诉他要多吃点，他营养不良了，他就静静地流泪，一声不吭。我们走时，他头也不回。

运
富
贵

许绍春

（1919—2013），原籍云南腾冲，生前居住在云南省保山市腾冲县腾越镇岗峨村。属11集团军，工兵。

民族英雄 永世流芳
让我们铭记
——寻访远征军老兵媒体公益活动
云南省保山市广播电视台
伟业地产
敬献

漏雨的房子与男陪护

许绍春的“家”只能是个打引号的家，确切地说应该是一间大房子的框架，没门没框。只要村里通知说有人来访了，他的陪护就会给他换上那件印着远征军字样的某公益组织送的灰色毛呢大衣，端正地坐在没有门的堂屋前迎客，不论任何季节。

坐在椅子上的许绍春身材高大，已经不能独立行走。他会和来访的人讲述过去的事，但谁也听不清他在说什么。他93岁的老伴一般会站在墙角远远地看着。

许绍春老人有三个子女，唯一的儿子三年前因病去世。在县城帮人开出租车的孙子以每月一千元的价格请了一个同村的中年男人来做老人的陪护。这个陪护对这桩买卖不大情愿，他会同每个来访的人述说许绍春的种种坏脾气，比如夜里不好好睡觉，大吵大嚷，脾气古怪，经常骂人，等等。

每当许绍春和陪护各说各的，说得热闹时，许绍春的老伴也会凑过来告诉人们另一件事：他家的房子会漏雨。

许绍春1938年当兵，可以想见身材高大的他当时应该是修工事、挖战壕的好手。

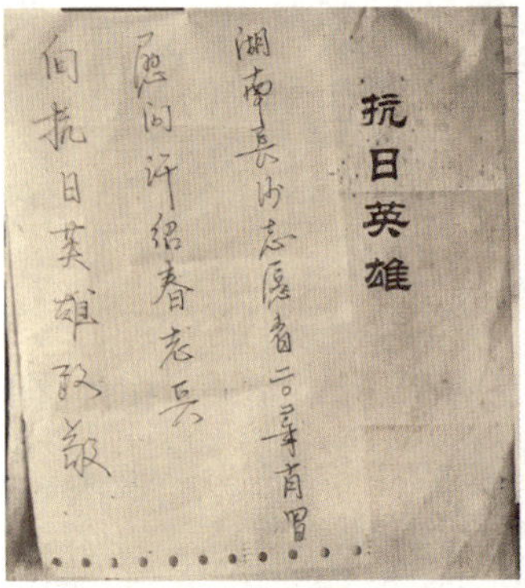
抗日英雄
向抗日英雄致敬

寒冬送温暖
历史不会忘记志愿者在行动

伯加祥

（1919— ），原籍云南腾冲，现居云南省保山市腾冲县明光中塘村老华寨四组。1941年当兵，属预备2师，步兵。

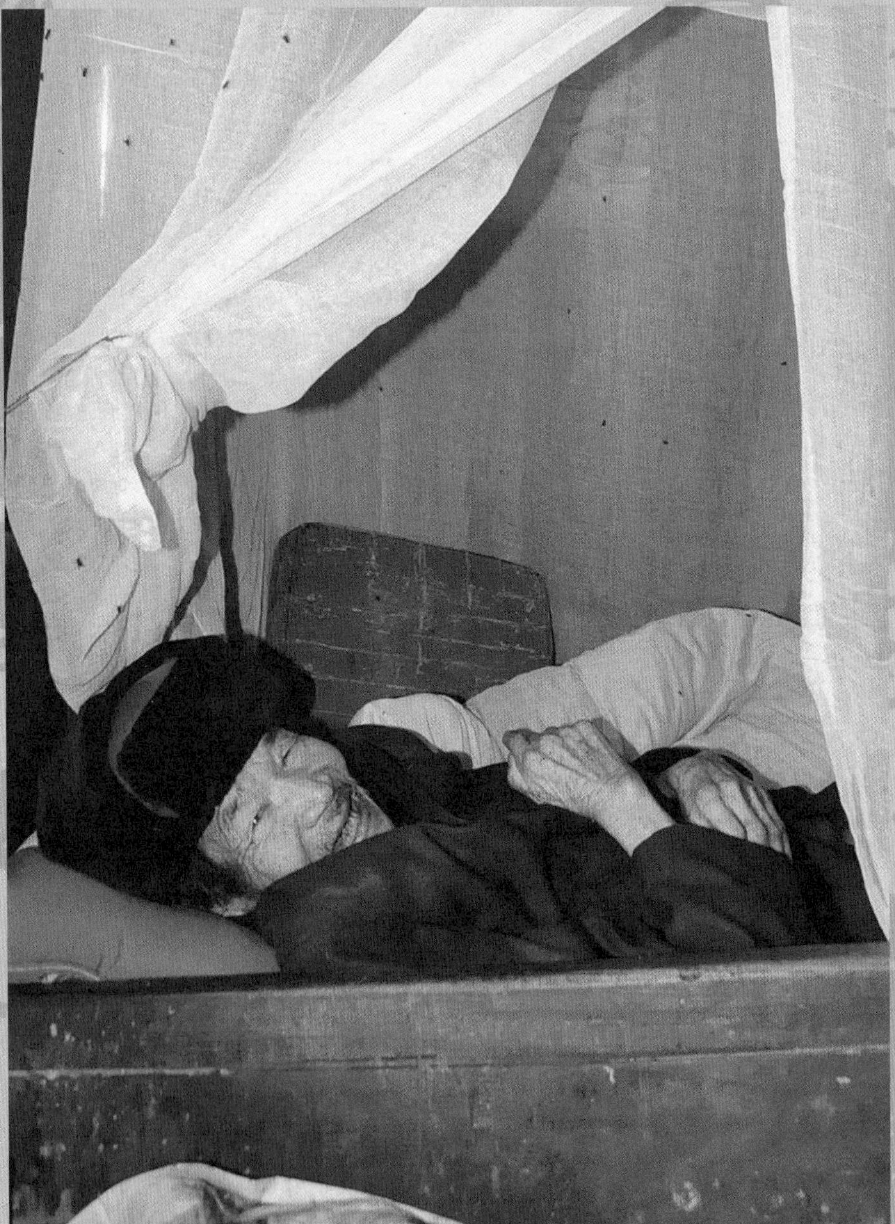

露出棉花的雷锋帽

明光镇是腾冲县最为偏远的乡镇之一，伯加祥的家就在离公路几百米的土坡上。房子背靠一座小山，也可以说是一个大土丘。时值初夏，坡下是一大片青青的秧田。

伯加祥家里大门敞开，却空无一人。村干部很肯定地说他一定在，因为他不久前摔伤了腿，无法走动。

终于，在靠山面的那一间阴暗小屋里，我们见到了躺在床上的伯加祥。他正把头靠在一个油腻的黑乎乎的枕头上，双手捂着脸，手背上落满了苍蝇。床边有一只黑色的橡胶桶，用来装他的口痰和小便。一床被褥已看不出原本的花色，头顶上方的墙上挂着一顶已经露出棉花的雷锋帽。

伯家祥很瘦，说话也很吃力。他说了很多抗战经历，却都是含糊不清的。

伯家祥：美国人高高大大的，不但头发是黄的，连手上的毛都是黄的。他们开着飞机飞到山上来，就开始丢东西，有吃的。飞机绕一圈就丢一包，东一包，西一包，我们就赶着去拾（捡）。

看到摄像机时，伯家祥欠起身来，想要摘下那雷锋帽戴起来，我们说一来不用，二来这顶帽子太破了，该换一顶了。他却非常清楚地说，还能用，不舍得丢。随后他告诉我们，儿女都到田里干活了。我们问他吃饭了没有，他却说他想吃苹果和香蕉。

我们返回镇里，为伯家祥买来了苹果和香蕉，同时还买来了一顶蚊帐一对枕头。本来还要为他买一顶新帽子，却因为不是赶集日没有买到。

我们给伯家祥挂着蚊帐，他躺在床上歪着头认真地吃香蕉。

随行的李医生给老人体检的时候发现，老人并不是简单的摔伤，而是股骨骨折，因为没有做过治疗，情况不太乐观，以后恢复的希望不大。他的余生看来都要在这张床上度过了。

为了兑现给伯加祥老人送帽子的承诺，在结束腾冲寻访活动即将离开的当天，我们给老人送去了他想要的那顶雷锋帽。

黄启春

（1921— ），原籍云南腾冲，现居云南省保山市腾冲县固东镇江东村大沟连小组。1942年当兵，属预备2师5团3营9连，步兵。参加过腾冲游击战和腾冲收复战。

美人张品德

黄启春家在固东镇的街子上。固东镇位于腾冲县的北部，距县城40公里，是腾冲县北部经济、文化、商贸中心，素有“腾北重镇”的称号。

我们到他家时，正下着雨，堂屋外的屋檐下，黄启春正静静地坐着，他的老伴在旁边缝着自己的小脚鞋。

黄启春身材高大，一身蓝布衣衫干净整洁。他耳背严重，同时性格内向，不爱讲话。他抽着他那长长的烟锅，慢条斯理又答非所问地和我们聊着。

他的老伴很着急，站了起来，指指自己的耳朵对我们说：“他听不到你们说什么，你们来问我吧。”她这样一说，就把我们的设备全吸引过去了，本来在拍她丈夫的摄像机和照相机现在齐刷刷调转方向对准了她，她却丝毫不惊慌，很受用地笑眯眯地和我们聊起她丈夫的事来。黄启春的老伴叫张品德，93岁，小脚，穿着深蓝色对襟衣，围着绣花小围裙，头上包着粉色的头巾，白皙的皮肤，尖尖的下巴，高高的鼻子，虽已90多岁，但依稀可以看出年轻时的容貌。

当我们赞叹她年轻时一定是个美女时，她很用力地啐了一口唾沫，然后用脚踩踩，对我们说："什么美女啊，还不是狗屎一泡。"话虽这样说，可她眼里却洋溢着甜蜜的光芒。

张品德说，她与黄启春结婚后，孩子还不满一个月黄启春就去参军了，一去就是三年，期间回过两次家，一回家就抱着孩子哭。

张品德：（您这么好看，有没有想过如果他回不来就重新嫁人呢？）没想过他回不来，他经常请人带信来给我，说让我好好带孩子，心要宽，过不了几年一定回来。我就等着。我们那时不像现在的年轻人，你爱我我爱你很随便，我们是嫁了就定了。

张品德说，丈夫不在家的日子里，有一段时间日本人就在村里转悠，他们一家人在山上躲了好一

阵子。战争结束后，丈夫所在的部队北上，丈夫没有跟去，回家来了。回来的那一天，部队还有当官的送着丈夫来，一家人都很高兴，她的公公还到集市上买了一条大鱼，说是要送给当官的带着走。那当官的当场就笑了：腌成干还可以，这种活鱼不有法带。张品德用手比画着说："这条鱼恶（非常、很）大呢，有这么大。"

后来他们用那条鱼做了一顿团圆饭。

黄启春与张品德育有两个儿子。目前他们与小儿子同住，家庭和睦，子女孝顺。

黄启春懂一点中药常识，闲时喜欢到山脚去采些中药到集市上去卖。厢房里阴干着一些叫作杜仲的中药。

番发安

（1923—　），原籍贵州开阳，现居云南省保山市腾冲县北海乡新乐村番徐寨。属54军198师，特务连士兵。

永远的21岁

番发安今年90岁，两年前得了中风，女儿带着他四处求医。现在他已从当时的全身瘫痪不能动弹到勉强可以站立，但却已无法与人正常交流。

番发安原名李玉安，抗战结束后留在当地当了上门女婿，随着当地风俗改了姓名。他的战争经历或许已经永远无法从他口中讲出，他只是告诉前来看他的每个人，他今年有21岁。根据大概的推算，番发安十五六岁当兵，21岁是腾冲光复的时间，没

有人知道是怎样的往事将他的思维永远定格在了21岁的记忆里。

番发安的四女儿叫徐艳仙，她是老人最小的女儿，目前老人与她同住。

番发安的卧室在一间朝阳的厢房里，干净整洁的小屋散发着淡淡的花露水味道，门边放着一盆小小的炭火和一把椅子。番发安每天的主要时光就是在这里度过。卧室里并列有两张床，番发安病倒后，女儿就搬过来与他同住，将这个已经变成孩童般的父亲照顾得非常好。

卧室里还有一个造型奇怪的木椅：它比一般的椅子宽大，面上却有个周边光洁的洞。徐艳仙说父亲行动不方便，每天解手是个大问题，所以请木匠设计了这么个椅子。

番发安眼神清澈，笑起来犹如一个顽童。他很幸福。

李会映

（1925—　），原籍云南腾冲，现居云南省保山市腾冲县固东镇顺利村下村七组。1942年当兵，属预备2师4团1营3连，机枪连上等兵。参加过腾冲收复战。

大房子里的孤独

李会映留着花白的胡须，戴着圆圆的眼镜，清瘦的身材，说话很有条理，一副教书先生的模样。

我们去找他的当天，他刚买彩票回来，这是他最大的爱好。每天他会乘车到镇里买一注两元的彩票，然后再乘车回来，这会占用他小半天的时间。他说买彩票如果中了大奖他要先修修村里的路。

李会映的家很宽敞，房子盖得很大很神气，可就是人少了点，只有他一个人。

房子是十几年前大儿子盖的。李会映有两个儿子四个女儿，二儿子很小就夭折了，大儿子也在十几年前的一次意外事故中身亡，四个女儿已经嫁人，老伴也已去世，这间大房子如今就他一个住。他自己做饭，自己给自己找乐子，最大的乐子就是去镇里买彩票。

李会映今年88岁，1942年当兵，当时属预备2师4团，参加过腾冲游击战和收复腾冲战斗。他说当兵时年龄小，个子也小，在部队里就专门给机枪 “垫脚”。所谓“垫脚”就是机枪手在战斗时为了让机枪位置更合适，更好调整，就将机枪脚架在他的双肩上，他的任务则是用手紧紧拉着机枪腿，并听从机枪手的命令转动身体。其实他就是一架可以听从指令的人肉机枪架。

攻打腾冲城的前夜，很多战友因为害怕，逃跑了，他也害怕得要命，也有人来约他逃跑，但是一想到逃兵的父母会被抓去坐牢的传言，相比而言，他更怕父母受连累，所以留下了。第二天的战场上，作为“机枪架”的他，亲眼看见战友们一排排从攻城的墙头上倒下的场景，他感叹：那时的人命不值钱，像一棵草。

战争结束后，李会映又回到了村里，娶妻生子。

李会映两次遭受丧子之痛，但现在的他看起来已不再悲伤，只是有深深的孤单，尽管他说他不缺吃穿，经常有人来看望他，给的新衣服十年也穿不完。

段德俊

（1921—2012），原籍云南腾冲，生前居住在云南省保山市腾冲县芒棒镇窜龙村长林寨。1941年当兵，勤务兵。

民族英雄
铭记
老兵媒体公益活动

两袋米的交换

芒棒镇位于腾冲县城东南部，高黎贡山西麓龙川江两岸的河谷地带。沿路风光极美，7月间，粉色的水仙花在浓绿的山林里怒放。

早上十点多，段德俊从邻居家串门回来。他个头小小的，笑起来眼睛向上弯成一条线。

段德俊1941年当兵。当时，每个村都有征兵的名额，哪家如果有儿子的话都要被强制征兵，基本上是五抽三、三抽二、二抽一。就是如果有五个儿子，那么就要有三个儿子去当兵，以此类推。后来，随着战事吃紧，独子的家庭也会被强制要求去当兵。如果家里有钱的话，可以交钱抵人，也可以找人代替。段德俊本来不在抽兵的行列里，但是因为家里很穷，同村的一户被抽兵的人家用两袋米作为交换，让段德俊代替当了兵。

段德俊当时年龄很小，但手脚麻利，又肯吃苦，所以做了长官的勤务兵，没上过战场。大概半年左右，段德俊挂念家中父母，同时长官待他也非常亲厚，他鼓起勇气以照顾父母为由向长官申请离开部队，没想到长官应允了。

让我们铭记
——寻访远征军老兵媒体公益活动

段德俊老伴健在，子女孝顺，生活幸福。他闲时爱到处串门，每天还要喝点小酒。

段德俊：我每天都要喝点酒，以前在部队里是喝不到的，现在我每天兜里的酒钱从不会少，很满足啦。

周永沛是芒棒镇的工作人员，平时因为工作需要，经常走村串户，每到段德俊家，总会被段德俊拉着喝口酒，猜猜拳。

这个开朗乐观又爱喝酒的老人已于2012年8月份去世了。

杨玉兴

（1915— ），原籍四川泸州，现居云南省保山市昌宁县更嘎乡更嘎村老街子村民小组。1932年当兵。参加过松山战役。

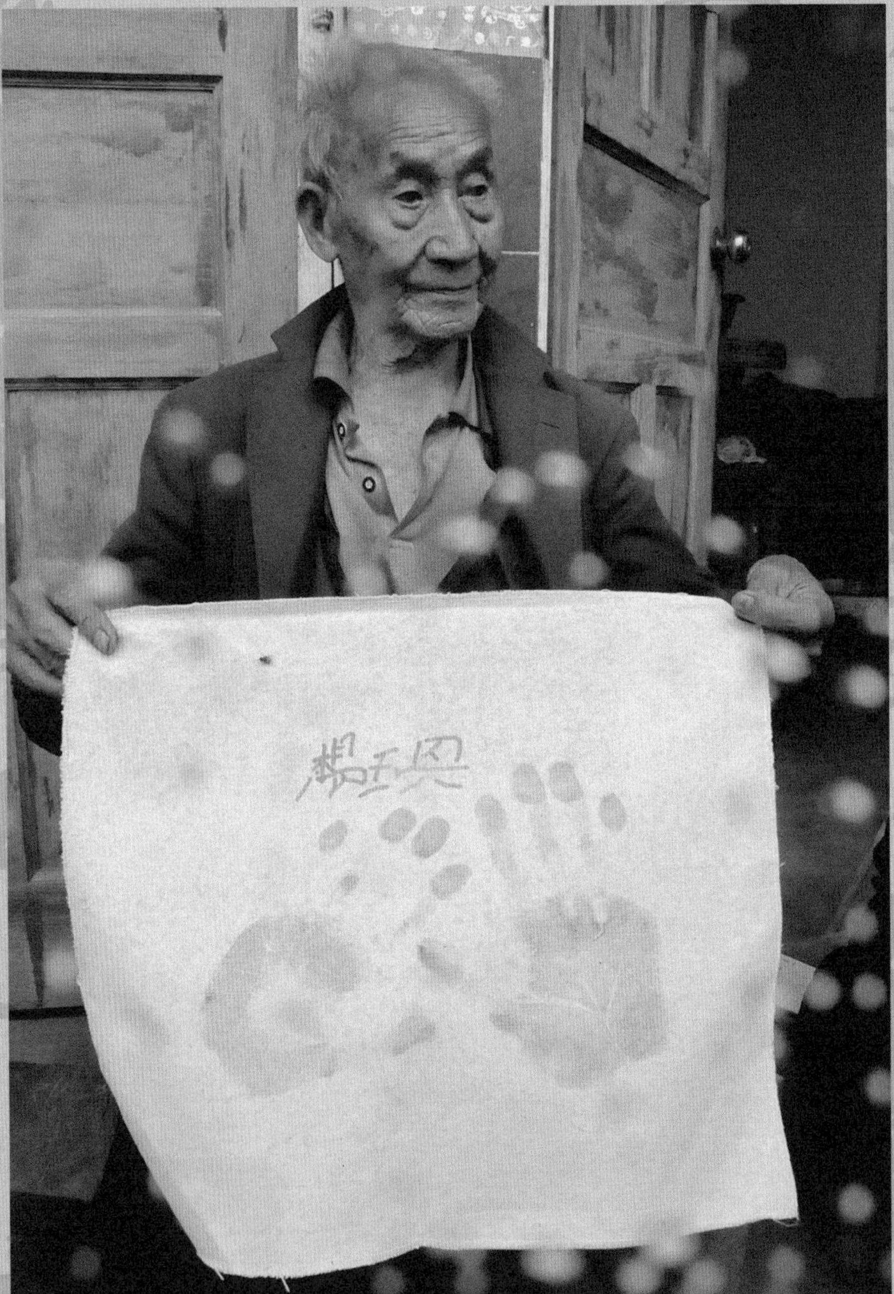

借来的小木凳

跟老兵杨玉兴的聊天是在雨中进行的，因为杨家没有可供这么多人避雨的屋檐。

杨玉兴老人今年已经有98岁高龄，当年从四川来到云南，转眼就是70年。他现在身边只有一个40多岁的儿子，因为智力有点问题，他们家就没什么收入来源，父子二人相依为命，生活十分艰难。杨家小院用几十块空心砖随便垒起不到半米高的围墙，就连我们坐的几个小木凳都是向隔壁四邻借来的奢侈品。

杨玉兴老人说，这几年生活好些了，原先父子两人就住在小院一侧竹篾片抹泥巴搭起来的小黑屋里。去年，宋庆龄基金会资助了5000块钱为他们盖起了两间简单的正房，用老人的话说，“总算是有个躲雨的地方了”。实际上，这房子仍然狭小不堪，我们说话的时候天下起大雨，屋檐下只容得两三个人挤着，其他人就站在雨地里。这让老人非常过意不去，反复地说：“对不起你们！”

我们问老人想不想回家乡，老人说，老了，不想回去了。

杨玉兴：我不想回去了。现在就在这里死了，跟你们这里要一点坟地。房子也不再要了，以前你们挂牵我，盖了两间房子给我，我在楼子上面可以望望周围，好好在在地过两天就算了。年纪大了去哪里都去不了。你们说接我去养老院，反而麻烦你们，去了还要人服侍我，不要给你们添麻烦了。

杨玉兴老人参加过松山战役，夜袭日军阵地的时候拼过刺刀。

杨玉兴：那个雨哦！日本人是住在山肚子里头，又不怕下雨，就是我们啰，当兵人，一个一顶大竹叶帽，穿草鞋，晚上不打仗的时候，一个发一把稻草打草鞋，不要钱。日本人每个人都是大皮鞋穿着呢，就是我们中国人苦了，打光脚板的还有多少。

我就是想当兵了，现在我都想去当兵呢。想去得伤了，就是可惜老了，要是还扭（动）得，真是想去呢，真想！

说起当年战斗的激烈残酷，老人情绪激动，仿佛现在仍然可以披挂上阵去杀敌。而现实生活中，他衰弱苍老，走路都已经成了难题。

杨玉兴：平时隔壁家老婶帮买米，买肉也要请她帮买。儿子搞不清，人家耍他的马虎。我们自己做锣锅饭煮一点吃吃，就了掉了，也简单。第一个就是要烧柴，第二就是只要有米，就好过了，也不消别的什么。穿的你们拿来的那些就够了。

除了宋庆龄基金会，从2009年开始，深圳特安集团、中兴通讯和一些志愿者每年都给予老人总共近万元的捐助。其中化名“若尘”的爱心人士为老人终身认捐每年600元。

为了保障这些捐助金的安全、合理使用，目前这些钱大部分都由村里帮助杨玉兴老人代管。不过，老人似乎对这种方式并不认可，有些牢骚，他似乎更信任与我们同去的县里的统战干部。

杨玉兴：跟村干部拿钱的时候，要写一个收条给儿子，收条拿回来他要交给我。收不收钱，我有数目呢。村干部今天说拿了给我几千，玩什么嘴巴，我一分都没拿到。你拿给哪个了？

经过核对，村里帮助管理的捐助金账目都对，老人暂时就没有再说什么。

我们在老人的住所里四处看了看。简陋的灶房里有半盆吃剩的米饭，我们尝了尝，没有馊味，大概是早上煮的，又翻翻米袋，已经见底，柴也所剩不多。

我们带给老兵的慰问金有固定的额度，但是面

对像杨玉兴老人这样的家庭情况，我们不得不破例了。我们给老人留下了2100元钱，1200元还是请村里保管，900元拿给老人暂时买米、买柴和零花。

而钱，只是我们的一种表达方式，对老人们来说，他们还需要一种托付和信任。比如，他指定的唯一可以帮他买东西的邻居大婶。比如，虽然嘴上不满意，心里还是愿意托付的村干部。这些人才贯穿着他们的生活。

车窗两旁飞驰而过的尽是莹莹的绿色，有时候又会有一丛丛粉红在眼前闪过，那是开在山林里的水仙花。六月正是它怒放的时节，就像隐匿在这重重深山里的老兵，在他们渐渐凋零之前，我们庆幸自己曾经来过，记得它们曾是最美的山林主角。

陈学良

（1920—2012），原籍四川，生前居住在云南省保山市腾冲县团田乡曼岐村山脚村民小组。1938年当兵，属71军，上士班长。

双目失明的老人

93岁的陈学良躺在堂屋的木床上，用风烛残年来形容他也不为过。医生诊断他失明、重度营养不良、心衰、背部真菌感染、全身衰竭、老年痴呆。

因为家庭贫困，乡里给他申请了每月300元的民政补助，当地民政干部都按时上门发放。

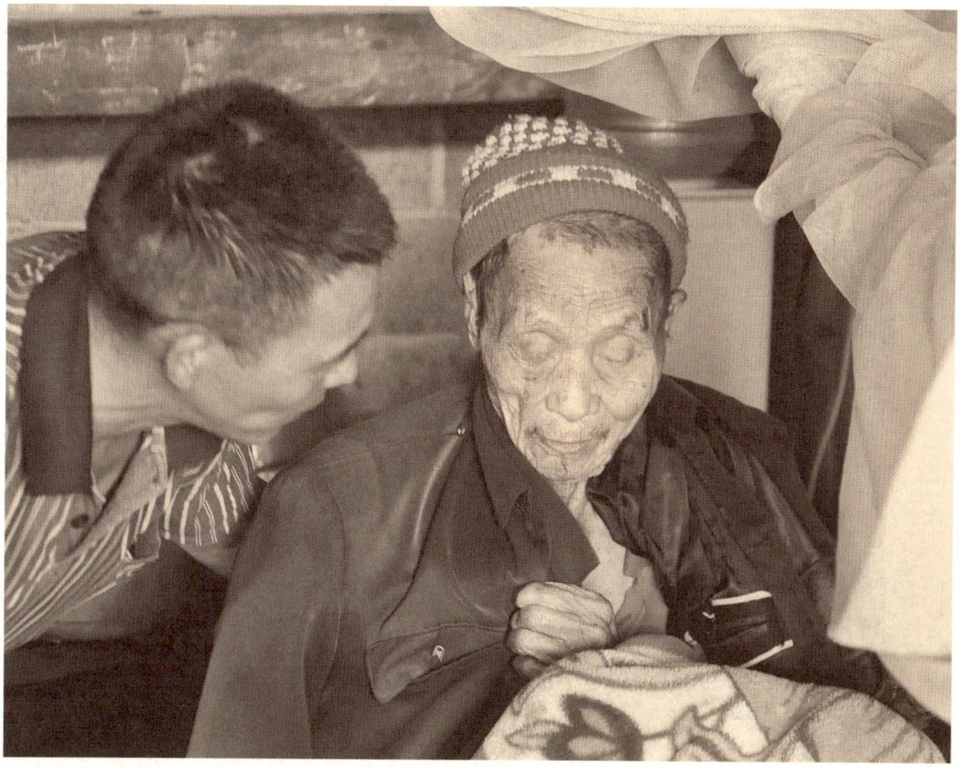

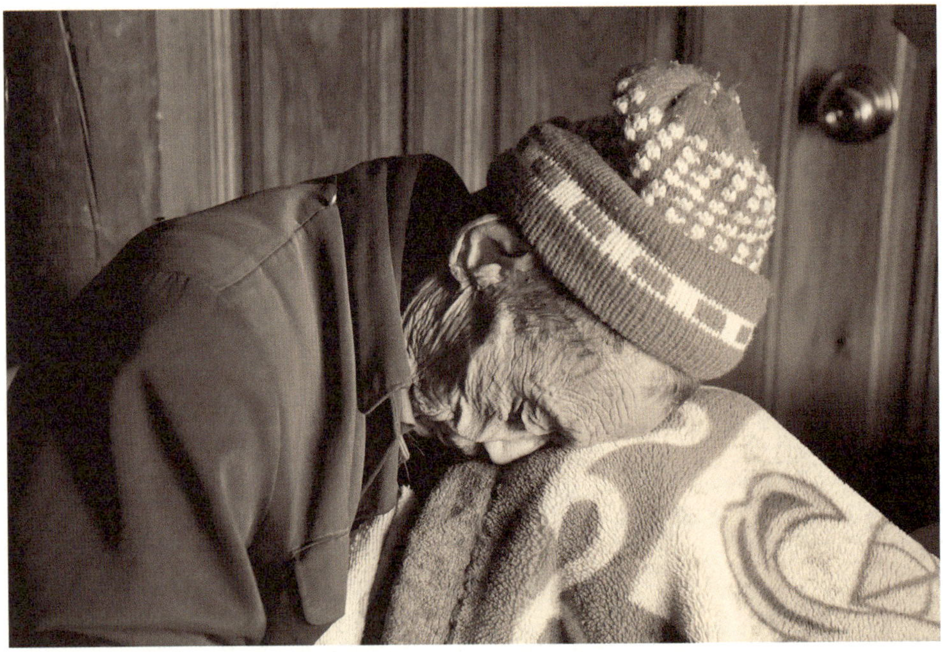

卢彩文

（1925— ），原籍云南腾冲，现居云南省保山市腾冲县腾越镇观音塘社区观音塘小区224号。1943年当兵，大理干训团第19期学员，属第11集团军，中尉，主要从事情报收集工作。

骑摩托车的老头

我们第一次见到卢彩文老人是在旅游城市腾冲繁华喧闹的街头。约定了见面地点，开着车边打电话边沿街搜寻，看看有没有苍老衰弱的老爷爷，突然，对面一个看上去六七十岁的老头拿着手机向我们挥手。这个年轻又时尚的人是一个远征军老兵吗？他真的已经88岁高龄了吗？！

然而更绝的还在后面，卢爷爷不跟我们坐车，他戴头盔骑摩托，一路领着我们走街串巷，回到了位于观音塘小区的家里。说老实话，他是我们见过的骑摩托车的人里年纪最大的老头。

卢爷爷告诉我们，最近他很忙，作为腾冲黄埔同学会的秘书长，正在帮着腾冲县政协编撰一本名为《腾冲黄埔》的历史文献。

卢彩文：腾冲有名册记录的黄埔同学原来有346名，黄埔19期的最多，都有原始底册记录着，但是现在只有14个还活着了。我们每个月12号开会，能来的人更少。有个在台湾的，几年回来一次；还有的在盈江，老了，来不动了；有一个上个月去世了；有的还是想来，住在乡镇上，还坐客车来。

卢彩文：腾冲沦陷了以后，学校解散了，我们失学了。那时我读初中一年级，16岁，当时学校里面的爱国主义教育还是搞得比较到位，我们学生不能到前线，就参加抗日宣传，宣传禁止日本的货物。布匹比较多一点，不穿不买，买了也要给你没收。

当时腾冲境内有一条龙川江，以南是日本占领了，以北是在抗日，有一个抗日政府。我们就想办法到了抗日政府那里去考试，考三门，语文、数学、口试，录取了就去读黄埔分校大理干训团。黄埔正规的是三年一届，我们只是一年多一点，所以一天要完成三天的学习和训练任务。总队下面分三个大队，每一个大队又分三个中队，共有九个中队，每个中队是100多人，相当于一个连的人数。还有专门的女生队。一天三操（训练）两讲（授课）。我们脚上穿的是马草鞋，比我们腾冲的草鞋要好，能穿一个多月。

卢爷爷是文化人，家里挂满了自己的画作，其中一幅游鱼图颇为生动，题为《鱼荷生辉》。

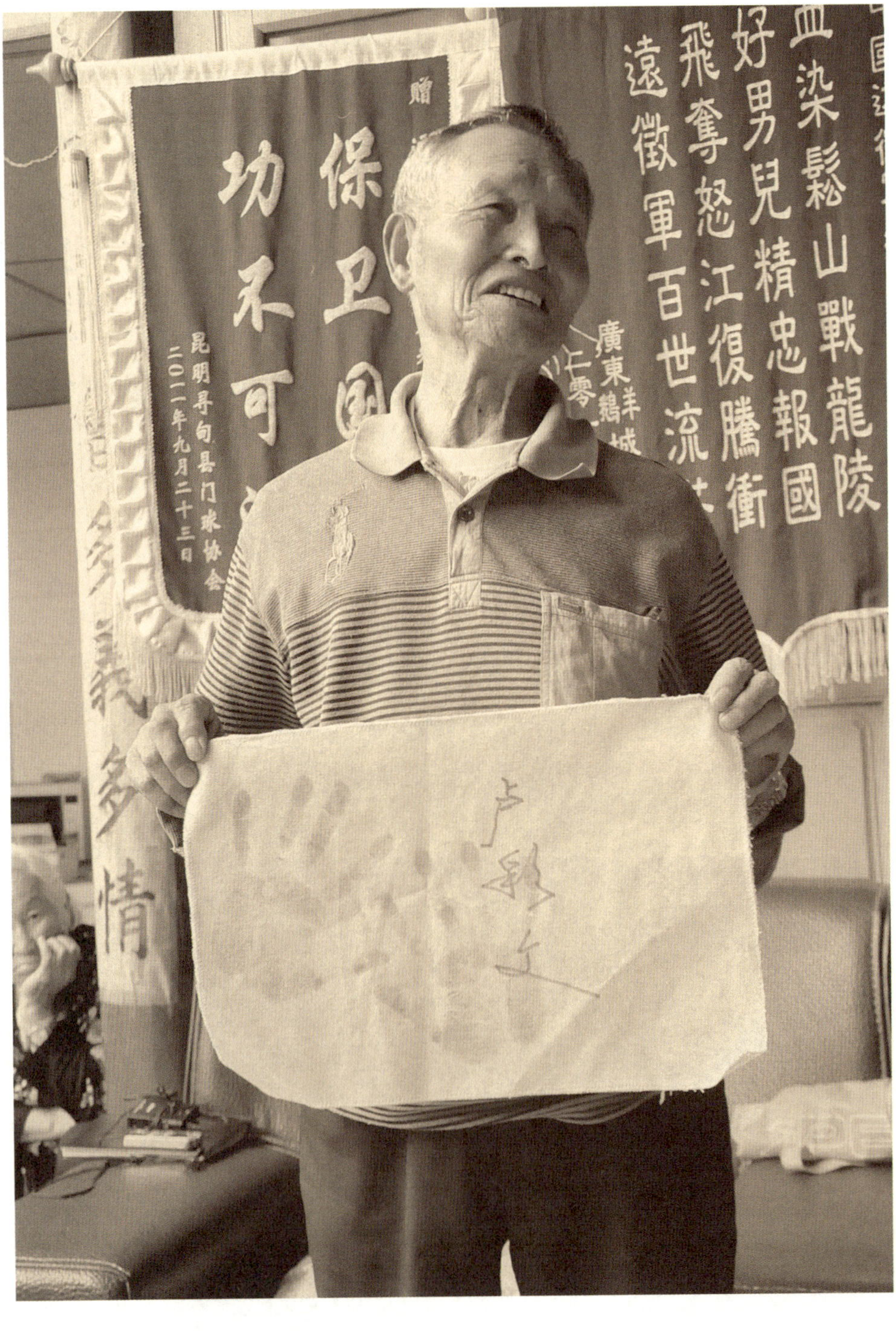
保卫国
功不可
昆明寻甸县门球协会
二〇一一年九月二十三日
血染松山戰龍陵
好男兒精忠報國
飛奪怒江復騰衝
遠徵軍百世流
廣東羊城

杨秉书

（1925— ），原籍云南施甸，现居云南省保山市施甸县姚关镇山邑村孔水二组。大理干训团第19期学员，属71军，在军部从事战马医护，后作为步兵参加了松山战役。

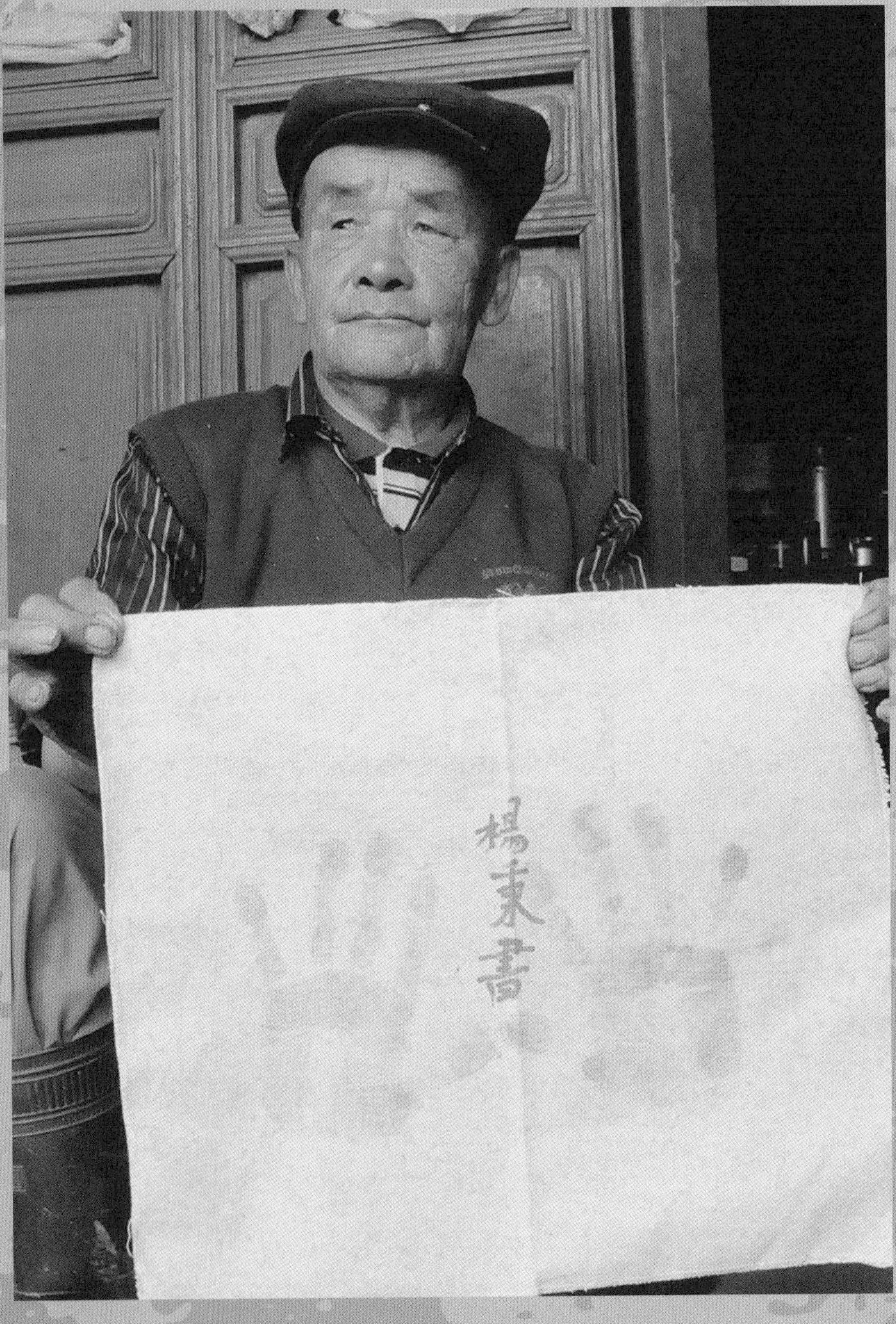
楊秉書

黑黢黢的小屋

刚刚赶集归来的杨秉书身穿深蓝条纹衬衫，毛线小褂，一顶黑色小毡帽，一双橡胶雨鞋，左手拄棍，右手提着几个塑料袋，里面有十多个鸡蛋，一小块新鲜猪肝，几块糕点，背上“贴”着一个瘪瘪的牛仔双肩包。

进到他家屋里，黑黢黢的，凳子歪歪扭扭。泥砌小灶，电饭煲里有一撮剩饭，桌上的调料瓶沾满油污，屋檐下堆着他从山里捡来的柴火。一口新棺材横放在屋角，杨秉书拍拍它，高兴地说：“看，我都备好了，没什么愁的啦！”

这是个典型的独居老人，坚强，自立。

杨秉书有两个女儿，大女儿嫁到保山，一年难得回来一次，二女儿留在家里招了上门女婿。本应和美的家庭却因杨秉书与女婿的不和而产生裂变：

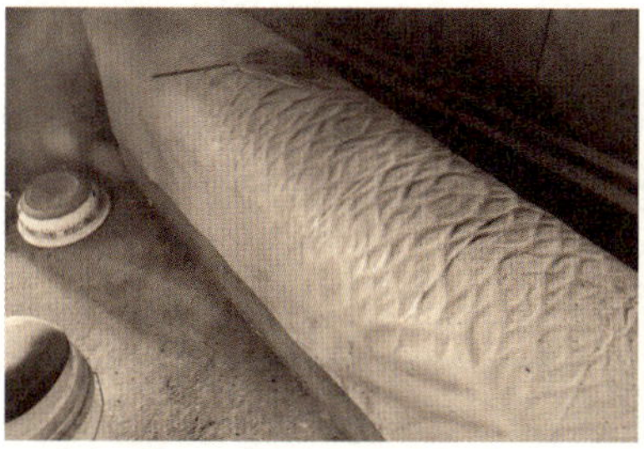

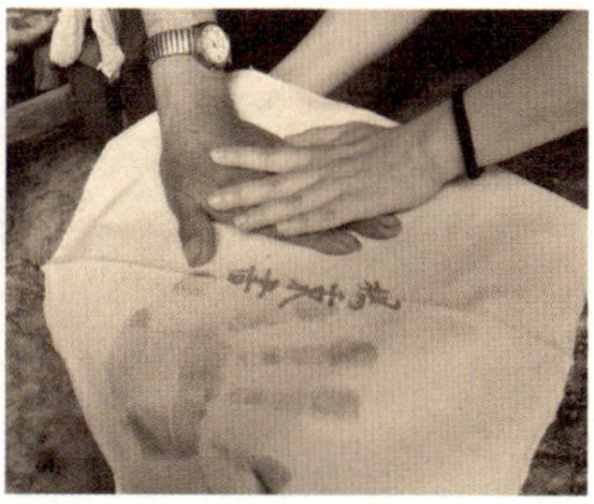

一间正房用杂物隔成了两段，小的那一段就是杨秉书的所在。每年除了按乡里当时裁定的给杨秉书称足一年的粮食外，女儿家与他几乎没有任何来往。

尽管这样，但每当有人问杨秉书是否需要帮助时，他总是回答说："我没困难，我样样行。"

杨秉书17岁时，看到部队贴出招兵告示，说是要招照顾战马的卫生兵，他和七八个同伴约着报了名。参军后杨秉书在71军军部成了一名专事战马医护的卫生兵，日常工作就是照顾战马，给它们喂药、打掌，以及日常管护。

松山战役打响后，老人作为步兵参加了战斗。

杨秉书：一排一排地上去，一连一连地上去，打光一连又上去一连。那个伤亡，就像战斗片一样，打光一些上去一些，就这样干了。

战争结束后，杨秉书所在的部队北上，他没去。他说："家乡平安了，我就回家了。"

李 树

（1926— ），原籍云南保山，现居云南省保山市隆阳区板桥镇北汉庄村。属预备2师补充兵。

田里的小窝棚

我们找到李树时，这个87岁的老人居然在田里干活儿。老人是看了电视节目后才知道有寻找老兵这回事儿的，他请人给区里统战部门写了信，我们这才找到了他。

我们站在田埂上大声询问一个在田里侍弄蔬菜的老妈妈，另一个穿着破烂白T恤的老人从田边的小窝棚钻出来，他就是李树。

为了守护种在田里的十来棵柿子树和一小片蔬菜，老两口常常住在冬天湿冷、夏天湿热的窝棚里。毕竟这点巴掌大的田地，是老两口零花钱的主要来源。

李树：田也不是自己的了，早些年分家都划给两个儿子了，现在种甜柿和蔬菜的这块也是儿子的。儿子自己不种了，出去打工了，我们自己来种点东西，总要买米吃，买菜吃。就是小苦小吃，能够生活就得了。

其实，李树老人入伍的时候，滇西抗战已进入尾声，他作为补充兵编入预备2师。

李树：在大理受训了半年又来补充，记不得

年代。我们补充的时候仗已经要打结束了。我扛的枪是美国大十响，一次装10颗子弹。但是没有打多长时间，跟他们追下来就结束了。又到（保山的）辛街胡家驻扎了三个月，又到蒲缥驻扎了两个月，又到腾冲马场驻了一个月，又折回来诸葛营在了几天，在大沙河修墓。那里死了千多人呢，一排排地埋着，那个坟地我还记得呢。后来部队就直接开拔到长沙去了。

李树老人并没有参加过腾冲、龙陵一带的主要战役。因此，先前并没有志愿者或者公益组织来看望过李树老人，也没有任何经济上的补贴 。

李树：过去不敢说自己当过兵，人家说历史不清，只有老些这批人认得，年轻这些都认不得了。现在我说出来就暴露了，是自己找着去统战部。他们不错呢，接待得好呢，叫我坐着，茶水泡给一杯，帮我写材料也不要我的钱。

施炳安

（1925—　），原籍四川，现居云南省保山市隆阳区板桥镇佐所村施家山小组。属预备2师4团。参加过腾冲收复战。

珍藏的模特照片

在我们以往的印象中，保山坝区的几个乡镇比如板桥金鸡是非常富庶美丽的地方，用时兴的话说就是宜居指数高，没想到这里也有难以通达的山区村落。

远征军老兵施炳安居住的佐所村施家山小组就是在这样的地方。因为一路上不断有塌方，行车非常危险。开车的人不知，后车看前车，看到的是半个轮子悬空探出了烂泥路的边缘。这条路应该是只容得下手扶拖拉机进出的，窄得只装得下车轮，开着车在上面就只能求天保佑。

路还十分的陡，原来还以为雨后车子无法开上去，大家做好了要步行三四公里的心理准备，有人还提前把这几公里路所需消耗的能量都在吃饭的时候补充好了。最后车子居然勉强开上去了，让那几个多吃了一碗饭为走路做准备的同伴有点惨。

在施炳安老人家里，发生了一件特别有趣的事情。

因为老人意识已经不太清楚了，基本无法正常交流，我们已经放弃了继续问下去的打算。就在这时，老人突然有一瞬间的清醒，神秘地告诉我们说，他还保存着从前一张当兵时候的长官的照片！这让我们喜出望外，因为我们很少看见过老兵保有当年的照片。

在众人期待的注视下，老人郑重其事地从里衣口袋里翻出了一张卡片。仔细一看大家都哭笑不得，这明明是一张某品牌内衣的标签，图片中一个男模特正在摆pose……

也许施爷爷真的曾经有过记忆中的珍贵照片，但不知什么时候眼神越来越模糊的老人早已经遗失了它。我们没有说穿，就让老人安心守护着这份信念就好。

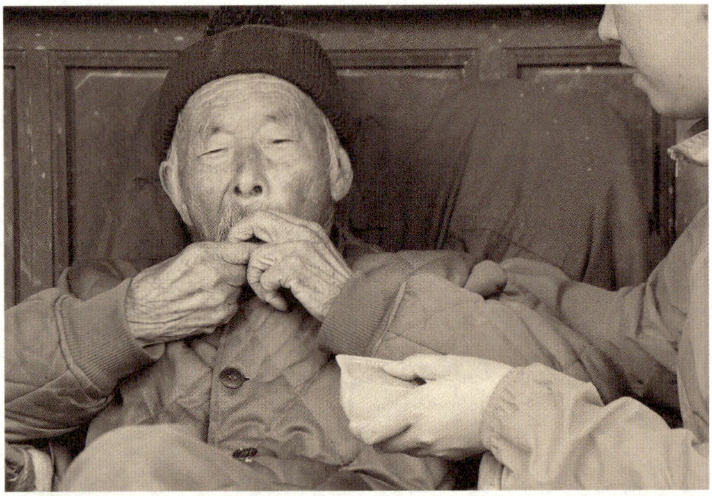

路珍楼

（1915—　），原籍山西，现居云南省保山市腾冲县腾越镇秀峰社区正义小区27号。1936年当兵，毕业于湖南长沙第1期军医预备团，属20集团军，少校军医。

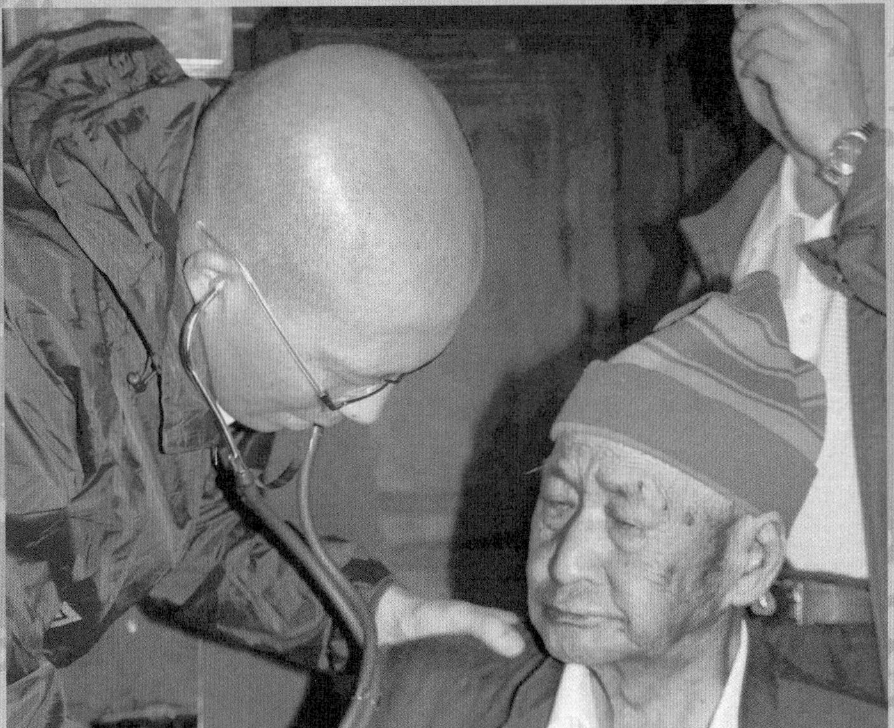

20集团军的少校军医

路珍楼的家有个小院，种满了花草。97岁的他精神矍铄，脸色红润，一身笔挺的藏青色中山装，里面的白衬衫一尘不染，只是头上一顶红条纹的毛线帽与这身服装有些不相配，让他一笑起来更像个顽童。

路珍楼毕业于湖南长沙第1期预备团，后为20集团军的少校军医，主要任务是在后方医治重伤员以及为高级军官做保健。

抗战结束后，因妻子怀孕，路珍楼就留在了腾冲，开了一个名为“济世诊所”的医馆。诊所的门匾曾为李根源所题，后在“文革”中损毁。

路珍楼一生育有七个子女，老伴早年已经去世。目前他与老五路继芳同住。老五今年已经61岁了，退休后就与父亲搬到一个房间，同吃同住。

摄制组的李医生为路珍楼做了基本检查，老人一边配合一边很专业地告诉医生他的身体情况。

李医生：您有点咳嗽，我给您开点化痰的药。

路珍楼：这个不用吃药，调理下就好，我不吃药，你们也要少吃药。

我们走时，路珍楼不忘拉着李医生合影。

路珍楼：我是1936年的医生，你是现代的医生。

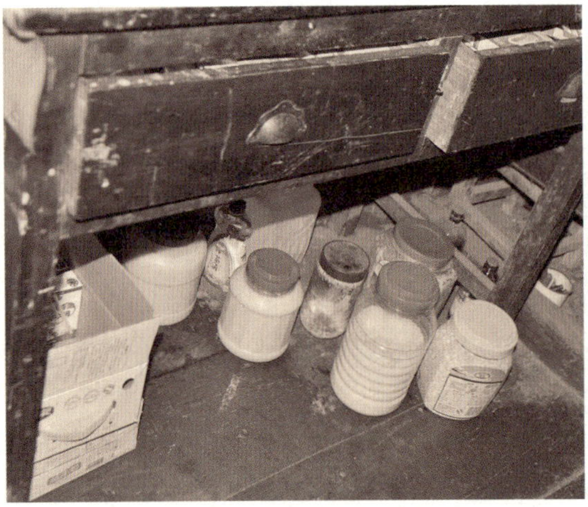

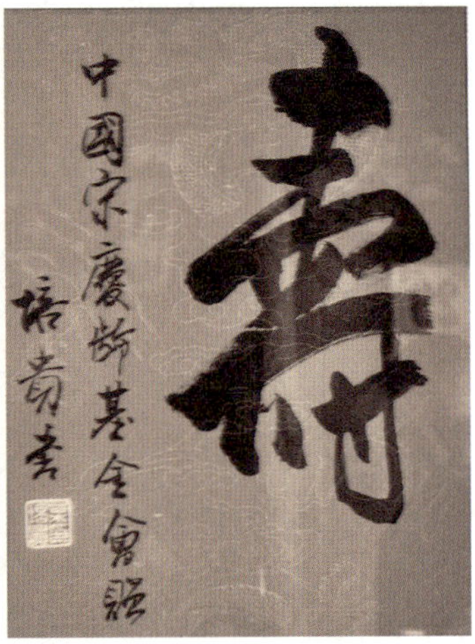

张炳芝

（1926— ），女，原籍云南腾冲，现居云南省保山市腾冲县腾越镇文星文财小区73号。1942年当兵，大理干训团第19期学员，属71军新28师。

保山已知的唯一女兵

张炳芝是保山境内已知的唯一一位女兵，但是完整采访到她的经历的媒体几乎没有。对于过去那段抗战经历，她从来都是避而不谈，对所有因为她的经历来看望她的人和媒体都避而不见。

张炳芝个子偏小，模样看上去比实际年龄要年轻，看不出是个87岁的老人。虽然她很例外地与我们见了面，但我们却没能采访到什么。她能说出当时她的每个长官的名字，却不具体说出她从事的宣传工作究竟是做了些什么。

值得一提的是，张炳芝的丈夫也是湖北籍远征军，姓秦，已于1992年因病去世。

张炳芝与丈夫育有四个子女，目前与三女儿同住。她的三女儿告诉我们，母亲之所以避而不谈从前的往事，是因为这段经历让他们全家人都吃尽了苦头：父母挨批斗，兄弟姐妹不能上学。这段痛苦的往事全家在一起时谁都不提，当然更不会对外人说起。

让我们铭记

我们寻访到的老兵几乎都有杂七杂八的各种纪念章。他们把这些纪念章郑重地挂在胸前，怕掉了，还要用棉线紧紧钉住。很多远征军老兵去世时都要把这样的纪念章抱在胸前一起下葬。他们或许知道又或许不知道，这些来自各志愿者团体的纪念章并没有多少权威性。但在他们心里，这是一个象征也是一个佐证，标志着社会对远征军老兵的承认，也铭刻着他们那段苦难却又荣耀的往事。

而对于我们，这些纪念章更提醒着这些英雄的奉献与牺牲，提醒着我们铭记那段为保家卫国殊死搏斗的历史。

罗登和

（1922—2013），原籍云南腾冲，生前居住在云南省保山市腾冲县芒棒镇新家地村。1942年当兵，属昆明工兵团。参加过河口阻击战，后驻防滇南国境线。

兜里的毛线小包

芒棒镇马场村新家地，是腾冲县一个偏远的小山村，远征军老兵罗登和就住在这里。我们去时老人不在家，在家门口等了不大一会儿，老人拄着拐杖来了。见到我们就热情地打招呼："同志来了，同志们是哪里的？"

讲起打仗的事，老人长长地叹一口气说："那些事情不敢想，想起眼泪滚。"

罗登和：当兵么你们没有当过，那个也惨的呢。在战场上，你这时还活蹦蹦的，不知哪时枪子一对着么脚一翘就死掉了。在我跟前的人都死了几个呢，我们还翻了死人起来盖着呢，怕什么？在部队上么又不怕死。我们马场村回不来的有三个，生死不知，格可惜你说？在我跟前有一个不是马场的，那个是腾冲城的蔡国军（音），被枪一打，脚一翘（死了）。那个倒是得埋了呢，丢田里去一大堆人地埋着。家里的人么还不是说去当兵去了不回来，没想到（是死了）一堆地埋着。不埋的人还多，丢在山沟里。打死日本人是，（死）三个五个（中国兵）打死了一个，其他人就（把他）拖走掉了，他们是要去火化，化成灰带回家去。我们中国人是（死的）人数过于多，也不找他的尸体了，也不火化了，也不找了，当时死掉就丢下山沟里去了。我回头想想眼泪一股股地淌呢，不好瞧。想起那个时候过那点日子，眼泪滚！什么时候死都晓不得么你想想。自己的哥兄姐弟父母在家，（自己的）音信全无，又不给带信。每个兵有两个名字呢，有一个真名字，进了部队后起一个假名字，家里带信也带不着，那时的部队乱搞呢！子女又不是哪个官的，是老百姓的么干死掉就算了。

营长姓张，副营长姓害，怪了，姓害的也有。再上面团长师长的名字就不给问了。你问了搞哪样？大些的官不给问名字。不服从是打扁担呢，手板心，三扁担打下去，手板心就黑完了。

知道我们是来看望远征军老兵的，罗爷爷当即表示要去换衣服，我们说不用了。老人又从兜里掏出一个毛线小包，我们好奇地围过去看，原来里面是一枚由一个社会组织发给他的老兵纪念牌。

罗登和：这个是国家给的证据。要上过战场的才有呢，不上过战场的人不有。不是随随便便就得的。要说买它是多少钱也值，价也不有。我又不消出钱，送来给我的。说么说，我们国家的江山我也有一滴滴子（一小小点）呢。多么不讲，把日本人打败，我有一滴滴子功劳呢。

那天，罗登和老人执意要我们给他拍两张照，一张是戴上纪念牌的，一张是穿上军大衣的。这件大衣是前不久一个社会志愿者组织给老人送的，老

人非常欢喜，逢人便说这是国家发给他的。

采访结束了，我们走出老人的小屋，他又追上来问：“如果明年我不死，你们还会来吗？”我们说：“还会来。”他问：“也是这个时候吗？”

王廷标

（1927—　），原籍云南昌宁，现居云南省保山市昌宁县漭水镇共裕村寨子村民小组。1944年当兵，属独立工兵第2团。参加过松山战役。

村委会落款的纪念墙

昌宁县漭水镇共裕村伴山而居，正是人们描述中的深山老林，自然环境很好，只是这里的路窄，车开到山脚的小水库边就再也不能进去。路边都是苍翠的松林和其他不知名的杂树，即便是盛夏时节，也遮天蔽日，凉意森森。

忽然，就在这浓密掩映之间，一个意外发现让我们停住了脚步。

我们曾见过许多老兵保存着各种民间的纪念章和牌匾，试图来证明自己的身份和历史存在。而这里，居然立着一大面标注着村委会落款的纪念墙，这对我们来说无疑是震撼的。

共裕村副支书张德明：这个是经过群众讨论，还经过村委会两委班子讨论，设置在这里的。（原因）一个是紧挨着住在上边的抗战老兵的家门口，另一个是在周围村寨的连通处，就是大伙都能看见。

王廷标老人的家在村子最里面的小土坡上，房子虽然简陋，院子倒还整洁。老人今年已经86岁，17岁那年的一个清晨，从睡梦中惊醒的少年被抓兵的人带到了县上一个叫穿竹庙的地方，由一个普通农民变成了中国远征军独立工兵2团3营的一名士兵。

王廷标：抓兵时用铁链子，犟的人就是拴脖子了，不犟的那个就是拴手，就那样去了。我们去的这一伙，单单我们昌宁就去了280多人呢，去到保山，当时是工兵第2团的来昌宁接兵。

独立工兵团是参加过松山战役的部队之一，主要任务是为部队进攻扫清地形障碍。

王廷标：在松山原来一直打不上去，后来侦察了，说要顺江摸。摸着日本人抽水上去松山的水管，就用棉花去堵塞管道，据说是塞了好几床棉被呢，才把那个水管堵住了。

松山战役远不是王廷标老人戎马生涯的全部。滇西抗战中，他是中国远征军；淮海战役中，他是中国人民解放军；抗美援朝战争中，他是中国人民志愿军。

王廷标：打仗的事，首先就是在松山打了一仗，然后是1948年就到济南又打了一仗，打了这仗就归拢到共产党这方来了，又参加淮海战役，又参加解放浙江、解放安徽那些地方。

目前，王廷标老人已是四代同堂，子女孝顺，加上当地政府扶持照顾和社会上各种志愿者组织的关爱，一家人的日子安稳和乐。

说起自己的曲折经历，耄耋之年的王廷标语气平淡，仿佛在说一件与自己无关的事情。

也许，岁月的流逝已经让老人忘记了当年战场拼杀的激越心情，但是，当地人包括共裕村的村民们并没有忘记。他们用纪念墙这样一种最朴实也是最隆重的方式来表达对保家卫国流过血流过汗的英雄们的敬重之情。

同行的二战历史研究专家戈叔亚认为：这是对历史承诺的兑现。

戈叔亚：抗日战争时期，腾冲的抗日老县长张问德给那些参加抗战的士兵，特别是外地的士兵说过：“你们在这里好生抗战，胜利以后，没有媳妇的，我们把腾冲姑娘嫁给你们。如果以后老了的话，我们给你们养老送终。如果你们死了，我们给你们树碑立传。”可以说滇西的父老一直对这些抗战老兵非常尊重，那么我们现在在这里就看到了，当年腾冲的张问德老县长所说的给抗战老兵树碑立传，在这里得到了印证。

钱锡铭

（1926—2012），原籍云南宣威，生前居住在云南省保山市隆阳区兰花村翠云苗圃。属新6军，后属60军182师545团2营机枪2连，少尉排长。

从阴天到了晴天

家住兰花村的钱锡铭老人是看了寻访老兵的电视节目后才与我们联系上的。因为没说清楚碰头地点，老人一大早先去了区委统战部守候，后来又到兰花村的路口苦等。

能够找到钱爷爷是我们的幸运，他给我们带来了意想不到的巨大惊喜。

经过寻访组和二战史专家戈叔亚老师的辨别确认，钱锡铭老人不但参加过远征军，而且随部队到过蜚声海外的湖南芷江，参加了中国军队跟日军打的最后一仗，还亲眼见证了标志着日本人侵华战争结束的芷江受降仪式！

钱锡铭：到了芷江我还是在新6军军部特务连。那时我们连湖南兵很多，有好几十个。那时主战场是在桃花坪渡口，离着芷江还有二三百里路，打桃花坪渡口的时候，云南正在打腾冲。我们在芷江待了三年多，一直到日本投降。日本投降以后部队开拔去东北，到了长春后我就离开了新6军。

钱锡铭老人还记得长春起义的经过。

钱锡铭：长春起义是我到了陆军60军以后的事

了，1948年。60军里我们云南家乡人多，人好，我就去了。准备起义的时候，天天晚上开会。那个时候我当排长，凡是军官以上都参加开会，讲战争形势，说我们的战线缩小了，人也少了，要准备起义（投向解放军）。第二天天没亮就起义了。

钱锡铭老人至今保留着当年参加新6军和陆军60军的完备资料。我们实在难以想象他是如何在风云变幻的岁月中冒着极大的风险把这些珍贵的资料保存下来的。

可惜的是，就是这位目前已经极稀有的历史见证者，前些年为求证自己老兵的身份，四处奔走，却始终得不到认可。

当接过标志着我们对远征军老兵身份确认的纪念牌时，一直表情严肃的钱爷爷细细查看抚摸，先是几乎要流泪的表情，然后又开心地笑了。

钱锡铭：这好比是从阴天到了晴天，今天以后我就天天是晴天了。

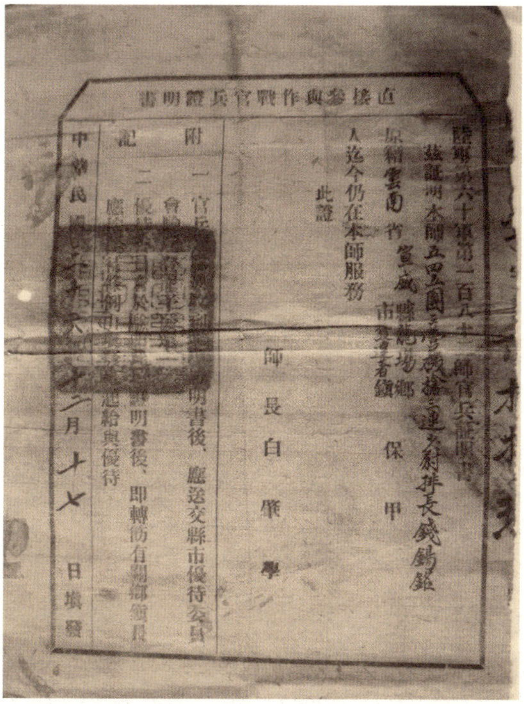

直接參與作戰官兵證明書

陸軍第六十軍第一百八十[illegible]師官兵證明書

茲證明本師五四五團三營機槍三連少尉排長錢錫銀

原籍雲南省宣威縣市龍場鄉鎮 保 甲

人迄今仍在本師服務

此證

師長白肇學

附記

一、官兵[illegible]明書後、應送交縣市優待委員會

二、優待[illegible]證明書後、即轉飭有關鄉鎮長應[illegible]條例[illegible]造給與優待

中華民國[illegible]年十二月十七日填發

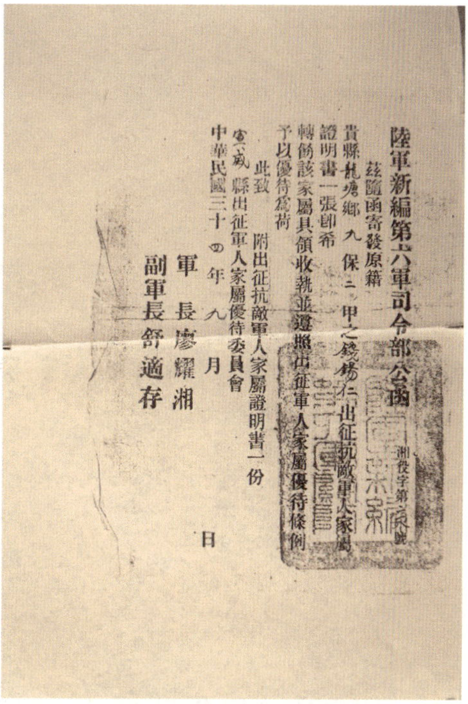

陸軍新編第六軍司令部公函　湘役字第[illegible]號

茲隨函寄發原籍

貴縣龍塘鄉九保二甲之錢錫仁出征抗敵軍人家屬

證明書一張即希

轉飭該家屬具領收執並遵照出征軍人家屬優待條例

予以優待爲荷

此致

宣威縣出征軍人家屬優待委員會

附出征抗敵軍人家屬證明書一份

軍長廖耀湘

副軍長舒適存

中華民國三十四年九月　日

耿天福

（1919— ），原籍云南施甸，现居云南省保山市施甸县姚关镇姚关街。大理干训团第19期学员，属11集团军总部直属步兵1团1营3连第2排，排长。参加过松山战役。

感谢伟大的中国共产党

满满三本回忆录

施甸县姚关镇距县城20公里，是施甸南片的物资集散中心。小镇具有深厚的历史文化底蕴和优美独特的自然景观。上午10点左右，小镇的人家大都在准备早饭，整洁精巧的街子上人不多。

耿天福住在临街一幢两层的小木楼里，一楼是一个中医诊所，是他的孙子所开。10点钟，耿天福还没起床。

耿天福是黄埔军校大理干训团第19期的学员，属11集团军总部直属步兵团，排长，曾参加过松山战役。他的听力已经基本丧失，平常与家人的交流都靠写字。抗战结束后，老人当过教师，写得一手好字。

耿天福床前的书桌上放着几张便笺，有几张上写着字，内容大概是与孙子交流一些家庭琐事。其中有一张上的内容是问孙媳妇的父亲，也就是孙子的岳父病好些了没有，叫孙子要关心，要常去看看，还要把情况及时告诉他。

耿天福用白纸，自己画了格子，写了满满三本回忆录，上面记录了他一生的过往。他将其送给了我们。

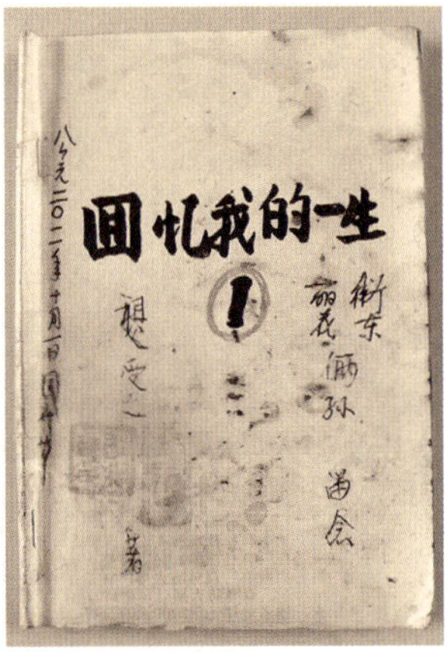

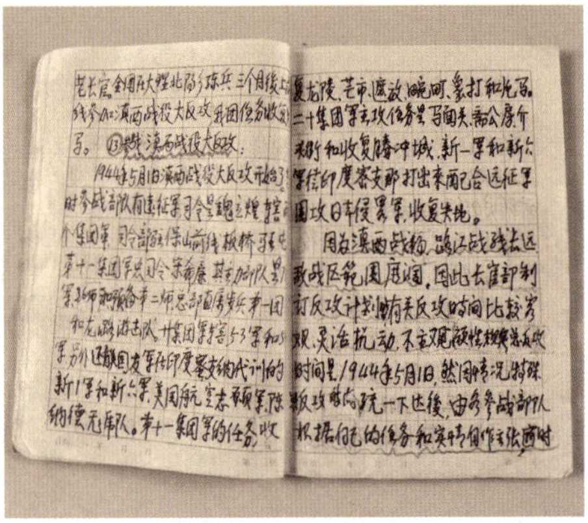

耿天福看到我们给他敬献的纪念牌上写有“民族英雄，永世流芳”的字样后，他大声地连说：“不敢当，不敢当。”

他说：“当年国家危难时我正值青年，这是应尽的职责，不算什么，不值得提。”

民族英
让我们铭记

余春培

（1923— ），原籍云南腾冲，现居云南省保山市腾冲县滇滩镇腊幸村。大理干训团第19期学员。

余春培

不愿脱下的军大衣

进入腊幸村，有条路修得特别好，水泥路面，新新的。这条路是余春培的儿子修的，他儿子是当地小有名气的企业家。

余春培当过教师，有退休工资，儿子事业小成，但他老爱穿着一件军大衣，怎么也不换。那是当兵的孙子送给他的。虽然这件军大衣与旧时的军装差别很大，但这橄榄绿的颜色让余春培觉得自己还是一名军人。

附录

向二战老兵致敬

原美国驻华大使馆国防武官
史达伟将军（David Stilwell）

在1998年，一个叫汤姆·布罗考的美国记者出版了一本书，书名是《美国最伟大的一代》，讲述了在二战期间，男人女人放弃了自己追逐的梦想，尽其全力，有时候甚至是牺牲自己的生命在欧洲和太平洋奋力与法西斯斗争。而在这些艰苦岁月中幸存下来的人们继续努力，使美国变成了一个强大而繁荣的国家。对于他们为国家尽职的无私精神，肯尼迪总统是用这样的一句话来阐释的："不要问国家能为你做什么，而要问你能为国家做什么。"我89岁高龄的岳父1944年在意大利的安齐奥失去了他的部分右腿，但他很少提及此事，而且从来没有抱怨过。

这个星期，我感到非常荣幸能有机会见到中国"最伟大的一代"的代表们。这些都是勇敢的，身体至今还硬朗的老兵，他们在二战期间保卫自己的家园，和美国军人在今天我们称之为中缅印战区的地方并肩作战。我还非常高兴能见到许多年轻的一代，他们致力于牢记这段令人自豪的、两国共有的历史——你们奉献了时间和心血来努力让人们记住这些中国“最伟大的一代”的代表。

上百部的书籍和电影从各种角度记录了二战期间发生在太平洋地区的事件。今天我想从美国的角度说一说中缅印战区，还有我这个星期所见到的老兵的印象。在1941年到1945年期间，中美两国有效地联合武装力量来对抗共同的威胁，其中大部分的战斗发生在云南和缅甸北部，目的是把敌人赶出中国，并且打开一条从印度到中国的陆上通道，从而可以加速战争物资源源不断地进入中国，以尽快地结束战争。在这个过程中，中国和美国的战士，飞行员和老百姓们都加深了彼此的理解。

我喜欢研究中国的成语和歇后语，在北京的时候在各种正式和非正式场合都能听到它们。我们美国人也有自己的谚语。比如说，中国人说“百闻不如一见”，美国人说“一画抵千语”。这次能来到史迪威公路并且见到老兵，可以说是“一访抵千语”。谈起这些还活着的中美老兵，我们不会忘记他们所经历的艰苦岁月。他们让我想起另外一个成语“百炼成钢”和斯巴达人的信念“越挫越勇”。这些幸存下来的“最伟大的一代”就像好钢，经过艰苦岁月的历练捶打，愈加坚强。

同样的，在这个战区并肩作战的中美军人也结下了深厚持久的友谊，因为这种友谊是他们在我们可以想象得到的最艰苦的条件下锤炼出来的。这些鲜血凝结成的纽带关系历经几十年的风雨持续而弥坚。友谊和无私奉献的故事使我们今天的活动非常有意义。

我想起了1942年杜立特尔空袭（空袭东京）后，中国老百姓努力帮助美军机组人员返回美国的故事。70年后，在2012年，关于杜立特尔空袭又举办了一次团聚活动，也再一次强调了这种长时间的友谊的价值。大多数美国人都知道飞虎队，他们为中国军队在地面的奋战提供了空中支援。但是你们知道在最初的驼峰任务的执行中有中国航空公司的飞行员吗？他驾驶飞机为在中国的美国人提供了支持。当时，这名中国飞行员把迫降在中国的杜立特尔空袭的领导人——杜立特尔从重庆送去印度的加尔各答。这样，杜立特尔就能及时上报空袭任务获得成功的消息。

16架美国陆军航空兵部队的B-25米切尔中型轰炸机从西太平洋深处的美国海军黄蜂号航空母舰起飞。计划要求他们轰炸位于日本本土内的军事目标，并继续向西飞行，在中国降落。因为对于中型轰炸机来说，他们不可能飞回航空母舰。完成杜立特尔空袭后，大部分迫降于中国的B-25机组在中国军民的帮助下最终安全了。举其中一个很好的例子，中国航空公司的一位陈先生在这方面做出了他的努力。他的工作是在杜立特尔空袭结束后驾驶飞机把杜立特尔中校从重庆送到加尔各答。在这个过程中，为了躲避一群派往拦截他们的敌军战斗机，他巧妙地实施了一个计划外的在一条农场道路上的降落——事实上这比听上去要难多了，他驾驶的飞机要避免撞到树木、房子、马车和动物等等。陈先生又转移到密支那机场，载上需要疏散的盟军人员，然后驾驶着超载的C-47飞越驼峰，到达印度。因为他的飞行技巧和勇气，美国方面对他四次嘉奖，以表彰他在战争期间为了支持中国和美国的奋战所执行的危险任务。

为了营救执行杜立特尔空袭的美军机组，许多中国人付出了生命，美国永远不会忘记他们所付出的代价。事实上，在刚刚过去的今年春天，在美国俄亥俄州代顿市举办的杜立特尔空袭70周年团聚活动中，主办方邀请并招待了当时幸存的中国人。这个令人激动的活动是对我们伟大的美国英雄表示敬意，而对四个还健在的杜立特尔空袭飞行员来说，他们还要感恩这次行动中的无名英雄，是中国的老百姓帮助了在敌占区迫降的美国人。

我们非常幸运能拜访到近90岁高龄的杨维孝先生和他的众多后代组成的家庭，共有五代人！杨先生是团队合作精神的优秀代表。当屠宰牛和鸡的时候，老杨为我们回忆了当时美国和中国的军队是如何充分利用食物的。他说美国和中国的军队会一起食用这些食物，而中国士兵很高兴地吃动物的头和脚。而当他跟我说起他吃过的美国罐头时他一直微笑着，他说那种美国罐头很特别，在罐头盒的一边别着一把“钥匙”，要打开罐头就必须用这把“钥匙”扭紧罐头边的铁条转一圈。他是一个非常慷慨的主人，他自己家种植烤烟，并且自制成卷烟的烟丝。他让我亲口尝了尝。我会永远记得与他和他家人的见面。

豆和子弹：驼峰飞行

虽然滇缅公路一方面是作为中国抗战的补给生命线，另一方面象征着中美之间的合作，但它还是不能抵御向前推进的敌军。到1942年，当滇缅公路、缅甸北部和云南的西南部被占领后，中国就与外面的世界隔绝了。从1942年4月开始，所有对中国的支援都通过飞越喜马拉雅山脉的空运来进行，1942年5月到1945年8月，驼峰空运每天进行。除了滇缅公路，驼峰空运证明了美国帮助中国在战争中生存的承诺。

乍一看，使用飞机支援中国的想法似乎比较简单。像美国驻华空军武官陶仁凯空军上校这样的运输机飞行员会告诉你，美国空军现在能够安全可靠地运送大量的货物到全世界的各目的地。然而在1942年，这个情况是非常不同的。创建驼峰空运给美国提出了一个巨大的挑战：没有经过训练和配以装备的部队来搬运货物，在印度没有能够驻扎大量运输飞机的机场。飞越横跨在中印之间的崇山峻岭是极其危险的，而由于缺乏可靠的航图，没有无线电导航帮助，缺乏准确的气象信息，以及敌机的持续威胁，任务变得更加困难。另一个主要挑战是中国缺少燃油，所以参加驼峰行动的飞机必须携带足够的燃油以使飞机能够进入中国并从中国返航。这严重降低了其有效载荷。

在接下来的两年里，印度中国部的美国飞行员和中国航空公司的中国飞行员在危险的天气和地形条件下飞行，而同时还要面对敌人的战斗机。在这段时间，大约有1400名飞行员和乘客献出了生命，直到1944年5月，在史迪威将军的指挥下，中美军队重新收复和打通了滇缅公路。由于地面和空中运输线路重新开放，盟军迅速扭转了战局，开始把敌人赶出东南亚。

你们也应该知道，驼峰空运不仅为在中国的盟军地面部队提供了关键战争物资，而且也对一些战略计划，比如马特霍恩计划，做出了贡献。从1944年6月至1945年1月，印度中国部的任务是支援B-29超级堡垒轰炸机从成都附近的基地出发攻击日本本土的远程轰炸行动。用于轰炸行动的B-29先得执行运输任务，只能在卸下机枪和其他设备，四个炸弹舱装满他们所需的燃油后飞跃驼峰，但印度中国部的飞机在第20轰炸机总队撤出其中国基地之前，还是往成都运送了近30000吨的支援物资。

在1944年12月，隶属于美国第10空军大队的C-46飞机和机组，协助中国第14师和第22师从靠近密支那的史迪威公路重新部署到昆明附近。重新部署这些师是为了防止敌人对盟军在昆明的机场进行反攻。持续了24天的行动共运送了25009名中国军人、396名美国人、1596头役畜、42辆吉普车和144门火炮。印度中国部的机组人员在这次行动中承担了1328架次飞行中的597架次。整个行动损失了3架飞机。

可以毫不夸张地说，没有空中支援，中美在中国地面的奋战不会取得成功。总体上说，印度中国部在敌对状态下，总共将685304吨货物运到中国，包括392362吨汽油和石油，有近60%的货物是在1945年运输的。尽管在1945年1月史迪威公路开通后，通过陆路运送了147000吨的货物，但最终82%的物资是从空中运输的。除了货物以外，他们还运送了33400名人员。各种原因导致的飞机失事中，至少损失了468架美国飞机和41架中国航空公司飞机，有1314名机组人员和乘客死亡。此外，还有81架飞机以及其搭载的345名人员失踪。加起来，在这些行动中，几乎有600架飞机失事，有1400名美国和中国人员牺牲。

中国航空公司的飞行员们为驼峰空运做出了重要贡献。从1942年至1945年，中国从美国获得了100架运输机：77架C-47和23架C-46。在通过飞越驼峰运送到中国的大约650000吨货物量中，中国航空公司飞行员们所运送的货物量占到了75000吨。

最后统计出来的数据表明，飞越驼峰的飞行时间总计达到了150万小时。从空运货物量来说，驼峰航线是当时航空史上最大和最纵深的战略空中桥梁。

从战术上来说，空运提供了食物和武器。这使得中国士兵能迅速机动，而不必等待后勤火车。据说，中国军队在中缅印战区认为以下两点最有价值：能够依靠空投过来的食物和武器；他们知道，无论他们在哪里，如果他们受伤，他们将被送到野战医院，如果严重受伤，他们将被用飞机运往一个较大的医疗机构。这样的一个系统我们现在称之为“MEDEVAC（飞机运送伤员做医疗救护）”。根据《史迪威与美国在中国的经验》这本书的作者芭芭拉·塔奇曼的描述，这种强调救护伤员的系统使得因伤死亡率降低到了3.5%。由于士兵们知道如果受伤，他们将得到照顾而不是被留着等死，他们的士气和主动性有了巨大的提高，所以随着中美在缅甸联合进攻的继续，盟军战斗效率也大大提高。

我们在腾冲腾越镇许本祯先生的家里看望了他。显然，镇上许多学龄的孩子们也知道了我们会去那里。我们与许先生聊天的时候，他们目不转睛地盯着我们。孩子们在世界各地都是一样的。当许先生知道我们都是空军（很明显我们穿着蓝色制服）出身的时候，他写下了我们所说的“血幅”（注：抗战时所有援华飞行员的飞行夹克后背上会用中文注明“军民一体救护”字样，便于民众区分）。我非常惊讶，他竟然清晰地记得这句话的每一个字，更让我们惊讶的是原来今天在美国空军中仍然穿着的“血幅”竟然是从飞虎队那么久以前沿用下来的。

空地联合作战

对我来说，飞虎队是一个最好的例子，它向我们展示了中美两国能够优势互补，在太平洋两岸创造出一种至今还闻名遐迩的力量。美国拥有发达的战术空军力量，它可以抵御敌人的战斗机，这样就可以保证运输机运送武器和燃料到达中国南部。到后来由于美军飞机能够阻断敌军的补给线并在敌机升空前把敌人的空军摧毁于地面上，这样一来就使得盟军全面占有了制空权。与此同时，中国提供了最大的资源——它的人民和人力，他们为建造和维护机场做出了不可或缺的努力，这对当时的战事非常重要。在昆明，我在一个博物馆看到一个巨大的石碾，它曾被用于平整在中国西南各地所建机场的新跑道。在石碾的周围是成千上万名中国劳动者用手工工具破碎岩石的历史图片，而碎石是修建道路和临时飞机跑道的材料。

今年早些时候我在昆明参加一次飞虎队纪念活动时，非常有幸地遇见了一个驾驶P-51的中国飞行员，他的名字叫陆建航。随着我们谈话的深入，我们发现虽然我们中间隔了两代人和一个太平洋，我们还是有很多共同点。我们都飞过我们那个年代美国最好的战斗机，他飞的是P-51野马，而我飞的是F-16战隼。我们都在位于亚利桑那州凤凰城的卢克空军基地学习飞行。我们能够分享相同的故事——凤凰城夏天50度的灼热气温，这种气温能使你在触摸飞机机体的时候烫到自己的皮肤；单调的大漠风光；天空中从来没有一丝云彩的美丽的飞行天气。

陆先生会告诉你，协调好的空中和地面部队之间的联合作战是很难被击败的。但在此之前，你必须要掌握战场上的制空权。这样才能让友军在地面和空中行动时，不必担心遭受到来自空中的打击。在密支那的战斗开始于摧毁敌军在空中和地面的飞机，攻占敌军机场并用作进行装备和补给的前进基地。在赢得了制空权之后，友军飞机就能够专心执行支援地面部队的任务。中缅印战区到处都有友军在地面上呼叫并接受到有效的空中支援的故事。从我的亲身经历中我可以告诉你，而且我敢肯定陆先生也会这样告诉你，从空中看，友军和敌军是一样的。在高度3000米、时速800公里的飞机上往下看，地上的人们就像蚂蚁一样。因此，当你阅读类似友军飞机轰炸敌军目标的故事时，你不得不由衷感叹，要在空中分清地面上的敌我，尤其是在丛林中，是一件多么不容易的事。即使在拥有现代技术的今天，还是很难确认敌我。再加上当时协调美军空中支援中国地面部队也是一件很棘手的事。史迪威将军解决了这个问题，他把美国联络官派驻中国部队，通过他们协调中国的地面指挥官和美国的战机，以确保轰炸正确的目标。

在这些联络官中有一位威廉·麦克姆瑞少校，他的故事最能说明我的观点。在萨尔温江战役中，麦克姆瑞被分配到第53军。他们的任务是在一极其崎岖的地形中，为向腾冲南进和东进的部队清除战壕里的敌军部队。这条路线和我们本周的旅行路线有些类似。战斗持续了10天，在第6天，麦克姆瑞少校、3名中国军官和100多名中国士兵阵亡了。按照美国军队的传统，指挥官在他的部下阵亡后要给他的家人写一封信解释阵亡当时的情况。下面是麦克姆瑞的指挥官写的信。

麦克姆瑞少校在中国远征军的一个团担任联络官，他的任务是训练中国盟军的进攻作战，并协助他们抵抗我们共同的敌人。我是一个中国师的高级联络官，他所在的团隶属我师。1944年5月20日，麦克姆瑞少校所在团在进行一场非常困难的战斗。他奋不顾身地把自己暴露在一个突出的位置，以便观察敌军的位置从而为支援部队定位敌人的火力强点。在这期间，一挺中国的机枪从非常靠近他的位置向敌人开火。敌人为了让这挺机枪变成哑巴，突然用迫击炮向这个位置轰击，第二发炮弹落在离麦克姆瑞少校非常近的地方。虽然他所受的伤本身并不致命，但他因炮弹的震荡冲击而当场牺牲。

事实上，他的牺牲使得这个师的中美军人更加坚定地相互支持，这种相互支持将是战后世界持久和平的保证。将军设法给他弄来了一口棺材并对最后的葬礼提供了尽可能的协助。夜间，在这里的美军人员给麦克姆瑞少校的遗骸护灵。第二天早上，也就是1944年5月21日，当时战斗仍在进行，我们竭尽所能地用整套的军队荣誉礼仪给他下葬。所有能参加葬礼的美军官兵都参加了。埋葬地点是山边的一块美丽的平地，那里有一棵巨大的榕树掩映着。当时没有任何牧师在场，我按照《公祷书》主持了葬礼，并在葬礼结束时由他的战友们组成鸣枪队，向他坟墓上空三次齐射致意。此埋葬地点将由美国陆军部记录在案。

他深深爱着你和孩子们，在他和朋友们的聊天中他经常提到你们。在他牺牲时，他胸前的口袋里还装着你和孩子们的照片。

他被安葬时身着他的战地军装。

我和你们一起沉痛悼念我们的逝者。

我们还见到了84岁的李文德先生，他带领我们登上松山并向我们介绍了在为夺取松山所进行的漫长战斗中他所处的战斗地点。途中他几次停下来指明当时敌军和盟军所挖掘的战壕，双方战壕之间的距离并不远。他说，美国士兵是他所在部队的重要一部分，他们负责协调空中支援，这在战斗中是非常必要的。李先生向我们讲述了他们在很多天没有食物和水的情况下仍然进行激烈的战斗。他还告诉我们，在其他时候会有食物、水和其他补给被空投给地面上的士兵。他依然很健康，在爬松山的过程中，我们中的许多人需要努力才能跟上他。

继续进攻

1944年的萨尔温江战役的目的是把侵略者从云南省和缅甸北部赶出去，这样一来就可以打通旧的滇缅公路，让中国重新与外部世界连接起来，并打破为期两年的妄图使中国在战争中的努力化为泡影的封锁。一旦滇缅公路重新打通，中美盟军就能够采取攻势。这场重开滇缅公路的艰苦战役一直持续了8个月的时间才最后顺利完成，1945年2月第一支陆路部队到达这里。

据历史学家芭芭拉·塔奇曼所述：“（战役）一开始的时候，史迪威将军心里想的一件要事就是打开通往中国的陆路通道。通过这件事，他想证明他一直以来的观点，即中国士兵通过适当的武装、训练和领导，可以匹敌世界上任何一个国家的军队。”史迪威之所以有这个观点是基于他从1911年来到中国以后对中国军队30多年的观察，特别是在20世纪30年代当他担任驻华武官的时候。史迪威将军和指挥中国远征军的卫立煌将军合作密切。“百胜卫”，这位在史迪威将军眼里极其有效率的指挥官光复了腾冲，把敌人赶回了缅甸，为重新开放通往中国的陆路做出了他的贡献。这标志着战争结束阶段的开始。

在北京，我有幸和卫立煌将军的孙子卫智先生以及他的家人住得很近。卫智先生向我展示了我以前没有见过的中国的其他方面。比如，在新年时他们一家人宴请我，让我吃到了我平生吃的第一只鸽子。好吃！你看，70年前中美盟军在中国西南部并肩作战的缘分正继续使美国和中国紧密地联系在一起。

最后，我要感谢戈叔亚先生和保山市广播电视台，让我们有机会参加这个出色的活动。40年前，当我还是个孩子的时候，我读了芭芭拉·塔奇曼有关史迪威将军的书，打那以后，我一直着迷于这片土地。我很高兴我最终能亲自来到这里。塔奇曼描述过这些美丽和充满异国情调的地方如腾冲、保山、松山和怒江。这一周，我有一个特别好的机会能够重走史迪威将军曾经走过的路，唯一的区别是我乘坐的舒适性和吃的东西要比他当年强太多了。

今天的报纸很可能还有关于中美摩擦的报道。现在很难找到更详细讲述中美之间多领域合作和共同利益的报纸，这是无法避免的，有坏新闻的报纸销路好。所以我很高兴成为一个好的新闻故事的一部分，让我有机会指出并讲述在我们共同历史中，中国和美国曾经共事解决的一个共同的问题。

谢谢你们！

飞越时空
——寻访远征军老兵杂感

保山市广播电视台台长　张文军

一、良心的诺言

2009年，我们在没有任何援助的情况下，对自己的良心承诺：我们要寻访到保山境内活着的每一位远征军老兵，为后人留下一部真实的老兵口述史。

2012年5月28日，因为有了市、县政府，有关部门、爱心企业、公益人士的支援和加盟，我们有了底气向全社会再次承诺：保山市广播电视台要在全中国、全世界寻访活着的远征军和援华美军老兵，为世界留下一部完整的老兵口述史。

已知的史实告诉我们：这将是迄今最完整的一部中缅印战区抗日亲历者、见证者的口述历史。此前和后来的人可以斥巨资去拍电影、电视剧，用艺术手法去“还原”历史。但是，已被“氧化”了的历史，“还原”得再栩栩如生，再逼真如原，也永远只能作为最美的复制品摆在历史的柜台上，永远比不上锈蚀斑驳的真品。

为了承诺，我们完成在中国大陆和台湾的寻访之后，再次起航，飞越太平洋……

二、从保山到旧金山

我们从上海出发和到达旧金山都是在当地时间5月28日，与第三次启动寻访远征军老兵活动之日时隔整整一年。之前保山市广播电视台先后两次启动寻访活动，两次都在中途因经费告罄而中断。我不相信"冥冥之中的定数"，却惊叹于日期的巧合。

在旧金山，我们探访了二战遗址公园，访问了一直跟随孙立人转战鄂、沪、贵、滇，被孙将军视同己出的侄女孙至晶女士；拜会了孙立人随行秘书沈克勤教授。从他们口中，我们获知了有关卫立煌、孙立人、戴安澜等抗日名将鲜为人知的生活故事。我们在国内采访到的基本都是远征军基层士兵，很少有高级将领。由这些将领的随员和身边亲人的口述，我们又能从另一个视角解读远征军，远征军的形象日趋真实、充盈起来。这是从来没有也不会再有的记录。因为，当年目睹父兄师长保家卫国的孩童都已进入耄耋之年了。

丽莎是援华空军中尉威廉·芬得利的女儿，装点这位知名大学建筑系教授房间的饰品，一半是来自腾冲界头的照片、景物速写和百姓赠送的纪念品，还有诸如长城、孙悟空、如来佛、观世音像等中国文化元素。两代人接力珍藏着跨越地球上最宽大洋的长达半个多世纪的时空记忆，用简洁的方式寄托着真诚的友情。丽莎之所以六次飞越大洋，到界头资助那里的乡村小学，是因为父亲生前一直对她说："如果你一生必须记住几件事，那么第一件就是永远不要忘了对你父亲有救命之恩的保山人民、腾冲人民、界头人民。”

三、七十年的追问，半个月的回答

美国老兵协会志愿者、宾州大学教授周则浩不停地追问我们什么时候能到。他说，老兵们不停地问他：“中国人真的还记得我们吗？”“保山的记者是不是真的来看我们？”

午餐会在庄重、简朴、充满情谊的气氛中进行，七十年的追问在一半语言沟通和一半表情交流中得到了圆满答复。威廉姆·杰把他亲手拍摄的惠通桥照片送给我们，另外还有一幅惠通桥的油画。他离开保山后，常把记忆中的保山作为画作的模特儿，画过不少有关惠通桥、怒江、高黎贡山的画。多次飞越“驼峰”的乔恩，坚持坐着轮椅来到了现场。为了和我们见面，多名90多岁高龄的老兵自己驾车数百公里，从纽约、华盛顿赶到宾州，让我们十分内疚。本该是我们登门拜访，但签证的时间不允，只好把他们请到宾州集中采访。访谈结束时，老兵们三步一回首，久久不愿离去。

在弗吉尼亚州，恰逢每年一次的全国性二战主题“模拟演习”。犹如穿越时光回到当年的战场，我们见到了包括飞越驼峰航线的飞机在内的二战期间使用的各种战斗装备。卡尔爱夫·康斯亭说，他曾驾着飞机上百次飞越高黎贡山。老兵后代弗莱德拿着父亲的照片向我们介绍父亲到中国抗击日军的故事，他父亲当年驾驶过的飞机就停在现场。他说：“我的想法很奇怪，没有到过中国，但我会时常思念中国，因为父亲的青春在中国。”

老兵们用后半生的光阴反复地咀嚼、回味抗日青春，不停地怀念着昆明、保山的山水、故事和朋友。他们在祷告词中说道："感谢这段在CBI（中缅印战区）的战斗经历，让我们更懂得生命的意义。"

四、沉重的旅程，珍贵的收获

时隔70年去追寻这份悲壮的家国记忆，我们的心情无比沉重。数百斤由摄像机、摄影机、灯光、脚架、电池、光盘、耗材及生活用品组成的行李压在肩上，我们俨然不知疲倦的蚂蚁，搬运着超过自身体积数倍的物品，在空阔的北美大地不舍昼夜地爬行。尽管沿途风景美如童话世界，却没有时间停下来多看几眼，因为每一段行程中都有无数的电话催问："中国记者几点到？"

有时天不亮吃早饭，傍晚吃午饭，半夜吃晚饭。有时在车里吃面包，或在路边吃快餐。夜晚十点收工回营，立刻整理当天的资料，快速梳理白天的记录，生怕一觉醒来，忘记了不能忘记的记忆。最紧张的一天，大家只睡了三个小时。旅行社的导游说："陪过多少中国旅行团，就没有见过你们这样的。"

我们不是在表白如何辛苦，我们是在报告我们没有辜负。我们不是要得到表扬，我们只是在履行诺言。我们对老兵承诺过：无论你在哪里，我们都要找到你，送给你最后的悲喜，让活着的人永远铭记。我们激励自己，要用远征军的精神寻访远征军老兵，我们做到了。

要铭记的不是寻访的旅途，而是以下珍贵的数据：

在美国，我们行程上万公里，工作近200小时，走访盟军老兵、老兵后代、二战学者、有关专家20余人。拍摄照片5000余张，拍摄影像资料4000多分钟，搜集有关“保山、腾冲、龙陵、滇西抗战、史迪威公路、远征军”的史料、实物若干，绝大部分为中国媒体首次发现或独家拥有。回国后制作播出纪录片14集。这些资料都是研究滇西抗战不可多得、无法复制的珍贵资料。

对老兵，我们除了感恩、感动、感谢之外，找不到更恰当的用词，是他们在追问和怀念中等待了70年，才把这笔沉甸甸的财富交给我们。

五、正义、良知和未来

如果没有70年前为了正义的远征，就不会有今天为了良知和未来的采访。

寻访活动虽冠名媒体活动，实际上是一次党委、政府、企业、媒体、社会的大联动。正是他们的支持和关心，才有我们的前行。

感谢伟业地产、云南水谷酒业、腾冲水墨中国以及保山市工商联其他成员企业、人士的慷慨解囊。他们的义举已经被载入了史册，他们的名字会像远征军的名字一样被后人永远铭记。

不能忘记的还有美国之行中遇到的志愿者，他们或是读书做学问或是经商谋生，他们或手持绿卡或已成为美国公民，却都依然怀揣着一颗中国心。

76岁的揭钧教授不仅担任顾问、导游、翻译，甚至替换疲惫不堪的驾驶员，亲自驾车赶路数百公里。耿磊是世界生物医学界和化学界知名的科学家，这位保山老乡从采访对象成为志愿者，退掉了去华盛顿开会的机票，开着租车一路送我们，往返4000公里。在美国成家立业的保山人高平、高原姐弟俩，一天前就请好假准备晚餐迎接我们，并租好游艇，准备让我们领略北美沿海风光，但我们行程不允，才遗憾地退掉了游艇……还有无私资助我们国内寻访的李建伟、张如明、沈利冲、董国孝、楼潘荣等企业家，不愿留名的“深圳哥”、《春城晚报》崔敏先生，二战学者方军、余戈，以及保山市各级党委、政府。我们和他们相遇，不是不期而遇，是为了同一份情感，为了同一份责任而期盼着的相遇。除了记下他们的名字，我们回报不了他们什么。曾经有这样一群人，与我们一样敬仰老兵，支持着我们去寻找这段曾经被遗忘的民族史。

在美国遇到许多华人，有台湾地区曾经的高官、商人，有远征军将士的后代，有步入了美国高科技核心的资深专家，也有只会三五句中文的二代三代华人，还有在下层社会干粗活的司机、导游。交谈中，他们无一例外地告诉我，虽然三五年、十几年，甚至几十年没有回过祖国，但他们每一天都在感受着祖国。在生活和工作的每一天，“洋人”对待他们的眼神、表情、口气、用词都在表达着：当今的中国，已不是过去的中国，他们从过去被人看不起，到今天获得了尊严、得到了西方的尊重。

陈克非将军之子陈立树曾是台湾的第一位化学博士，后成为美国某核心工程师。就是这样一位家世显赫、满身荣耀的学界集大成者，含着泪对我们说：“我当了几十年的美国科学家，却从未感觉到自己是一个美国人。美国的同行尊重我的才智，肯定我的成果，但很多人骨子里把我们当作异类。我一生漂泊，没有过去，心无皈依，也没有现在，我只想拥有未来。我的未来就是希望祖国日益富强，让我们漂泊异国的游子更有尊严。我永远是中国人。”

六、让我们永远铭记

还是回到这本书吧。作为“寻访中国远征军老兵媒体公益活动”的顾问，戈叔亚先生为本书写下了五味杂陈的贴实序言。按常规，一本书总该有个后记。我们想过请名家或要员来写个后记，在请与不请和请谁更妥的纠结后，决定放弃。因为这本书不应该有后记，我们为先辈们做的事才刚刚开始。本书收录的人物只是已寻访到的老兵的一部分。对于一个市级媒体而言，这是我们沿着历史轨迹进行的一次超越自身能力水平的采访活动。因为醒悟太晚，动作太迟，十之八九的老兵没有等到这一天。活着的老兵们过着鲜为人知的生活，每天都有人离世，带走了那段被尘封了半个多世纪的民族历史和家国记忆。这是与时光赛跑的抢救性记录，能多采访一人就少一分遗憾，能多一个兵种就多一分充实。我们一边寻访一边制作播出纪录片，至今已播出48集，只为幸存的老兵们能早日在官媒上看到自己的“正面形象”。选出部分远征军老兵代表赶紧出版本书，也是为了让幸存的老兵们在活着的时候早日亲眼看见，让他们离去时可以少一点遗憾，多一分自豪，并且能将本书作为一份礼物带到另一个世界，告慰先走一步的战友们——远征军老兵已被后世永远铭记。当下的遗憾依然很多，比如，近20000分钟的音像资料，仅有1000多分钟制作成纪录片播出；抢拍的5000多张照片只有很少的部分面世，收集到的许多珍贵资料仍来不及整理使用。但是，这种可以慢慢弥补的遗憾，比起被战争硝烟带走，被历史长河湮没，甚至被无知与狭隘误读的遗憾，要小得多。

就是这么一本书也让我们收获无数感动。该书从策划上路开始，沿途得到国家新闻出版广电总局、中共云南省委宣传部、中共云南省委统战部、云南省新闻出版广电局、云南出版集团、中共保山市委、保山市政府、中共保山市委宣传部的领导和有识之士的鼎力支持。并非要落于俗套去奉承他们一番，而是我们从这些官员和人士的一个签字、一个批文、一个表态、一封荐书、一个电话之中看到了日益博大的民族胸怀，看到了每个中国人都愿意为先辈做后人分内或分外的每件有益之事。或举手之劳，或俯首屈身，当每个人都在尽力为历史与现实之间搭上一座桥时，一条宽阔无垠的民族复兴大道已然铺就。